毎年、数千万円を稼ぐトレードの秘密

円安・円高でもFXで稼ぎ続けるうまい方法

Make Money Smart with FX Trading

TAKA

CROSSMEDIA PUBLISHING

はじめに

再びFX投資のブームがやってくる!?

この度は『円安・円高でもFXで稼ぎ続けるうまい方法』を手にとっていただき、ありがとうございます。

FX専業トレーダーのTAKA（タカ）です。

現在は、FXのトレードに励む傍ら、YouTubeチャンネル「【FX】期待は裏切る予想は超えるTAKA」を運営しており、おかげさまで登録者数はチャンネル開設2年で4万5000人を超えました。

反響の大きさに私自身、大変驚いています。

注目をいただいている背景には、2022年以降、為替相場が大きく動き出したことで、外貨投資のFXに興味を持つ人が増えたことが関係していると思います。

ご存知のように、コロナ禍以降のインフレに伴うアメリカをはじめとした各国の利上げや、ロシアのウクライナ侵攻によるエネルギー価格の高騰など、世界を取り巻く経済状況は激変し、それは「**超円安**」**という事態**を引き起こしました。

円安とはその名の通り、他国通貨に比べて円の価値が相対的に下がることを意味します。２０２２年はドル円相場が１９９０年以来最安となる、１ドル１５０円を記録しました。

円の価値が下がることで、物価は高騰。日用品や食品などが相次いで値上げし、生活への不安は増しています。

一方で、為替が大きく動くことは**外貨投資であるＦＸにとってはチャンス**です。詳しくは後述しますが、ＦＸ（外国為替証拠金取引）は円やドルなど二国間通貨の為替差益を狙う投資法です。

簡単に言えば、為替が円安や円高に動くことで収益チャンスが生まれ、動く方向を予測し、当たれば利益を得ることができます。

現在は、スマホ向けのFXトレードアプリも充実しており、私のような専業トレーダーもいれば、会社員の人が副業感覚で取り組むケースも少なくないようです。

昨今のような為替が大きく動くことで収益チャンスが生まれる機会を利用して、収入を増やしたり、将来の資産形成に役立てたいと思う人が増えるのは自然の流れであり、そうした思惑や期待が私のYouTubeに寄せられていると感じています。

私は皆さんの期待に応えるため、これまで実践してきた投資のノウハウを本書で余すことなく伝えていきたいと考えています。

会社員時代に貯めた500万円を元手に脱サラ

本題に入る前に、ここで私の略歴を紹介します。

私が投資に興味を持ったのは、2000年頃のことでした。当時は小売り関連の企業に勤めており、**ストックオプション制度**（自社株を一定の行使価格で購入できる権利）を与えられたことをきっかけに、株式投資について勉強するようになりました。

自社株の株価が変動する度に資産が増減するのが気になり、仕事が終わると書店で投資の本を購入し、独学で勉強を重ね、２００４年にトレーダーデビューを果たしました。

当時、ＳＮＳはまだ普及していませんでしたが、個人投資家がブログで成功体験を語っており、それに憧れたのも投資を始めた理由です。

また、**当時の日本株市場は右肩上がりで株価が上昇しており、空前のデイトレードブームが起きていました。**

新興市場を中心に相場環境は良く、何を買っても儲かる時代でしたので、資産を増やすことはそれほど難しくありませんでした。

私の中でトレードに打ち込みたいという気持ちが日に日に募り、２００４年に勤めていた会社を退職しました。

そして、会社員時代に貯めたお金と退職金の計500万円を元手に、28歳の時に専業トレーダーに転身したのです。

今振り返ると、後先考えず、勢いだけで決めてしまった部分もありますが、勤めていた会社が毎月新規出店があるほどの勢いで成長する一方、労働環境はかなり過酷で、「このままでは心身ともに持たないな……」と思ったのも脱サラを後押ししました。

株投資で勝てなくなり、FXに活路を見出す

専業トレーダーに転身後、トレードは順調で、**気がつくと資産は1億円を超えていました。**

ところが、2006年に起きたライブドアショックで株式市場は総崩れになり、私も思うように勝つことができなくなりました。

私は慌ててチャートについて勉強を始め、自分なりのトレード手法を確立した結果、トレードの成績は上向きましたが、2010年1月に東証が導入した売買システム「arrowhead（アローヘッド）」により、再びピンチに陥りました。

というのも、新システムでは高速売買が可能になると同時に、独自のアルゴリズムが入るようになり、板情報（価格ごとに買い注文・売り注文の数量を示す一覧表）を参考に取引する私のトレードスタイルでは、相場のスピードに太刀打ちできないようになったのです。

ある取引では**4000万円の損切り**を経験したこともあり、精神的にも限界を迎えようとしていました。

そこで私が活路を見出したのが、FXでした。

専業トレーダーとして自由に時間を使えた私にとって、平日24時間取引できるFXの方がトレードをしやすく、チャートの読み方など株式投資で学んだ知識を活かせる点も好材料でした。

さらに、私の武器であり、本書で詳しく紹介する「**まず最初に相場の環境を把握する**」ことを始めてからは、どんどん結果が出るようになり、気づけば株式投資とFXの取引ウェイトは逆転していました。

FX投資で会社員時代より稼げるように

FXのトレードを始めてから10年以上がたち、**今では会社員時代より稼げるようになりました。**

現在はデイトレード（エントリー後、数時間保有する）を中心に投資をしており、おかげさまで毎年、数千万円ほど収益を上げ続けることができています。

とはいえ、FXで稼ぐことはそれほど簡単なことではありません。

FXはレバレッジをかけることで、実際の投資額より大きな額を動かすことができるため、大きく勝つ可能性がある一方で、大きく負ける可能性もある投資法です。

レバレッジのコントロールがうまくいかず、大きな損失を出して、途中で投資を断念する人が少なくないのも事実でしょう。


そうした中で、私がFXで結果を出してこれたのには、理由があります。

それは、私が「**損益率**」**を重視したトレード**を実践しているからです。


一般的にトレードの成績は、「**勝率**」で表すことが多いと思います。

「勝率80％」といえばすご腕のトレーダーをイメージするでしょうし、反対に「勝率40％」と言われると、あまり儲かっていない下手な人と感じるかもしれません。

しかし、それは本当でしょうか。

10回トレードした結果で比べてみましょう。

勝率80％のトレーダー（8回勝って2回負けた）
1回あたりの平均利益が1000円・1回あたりの平均損失が1万円の場合

↓トータルの損益＝8000円－2万円＝－1万2000円

勝率40％のトレーダー（4回勝って6回負けた）
1回あたりの平均利益が1万円・1回あたりの平均損失が1000円の場合
↓トータルの損益＝4万円－6000円＝3万4000円

このようにたとえ勝率が高くても、1回あたりの利益が少なくて、損失が多い場合はトータルではマイナスになります。

実際、この例のように、それなりに勝ってはいるが、1度の大負けで利益が吹き飛んでしまう……というトレーダーは多いのではないでしょうか。

私はこだわるべきは**「勝率」ではなく、「損益率」**だと考えています。損益率を上げていくことが、FXで結果を出す＝資産を増やしていくために必要不可欠であると考え、トレードの際の指針にしています。

ではこの損益率の考え方について、具体例を挙げながら説明していきます。

損益率＝1回あたりの平均利益額／1回あたりの平均損失額

トレードごとの平均利益が2万円、平均損失が1万円＝**損益率2・0**
トレードごとの平均利益が2万円、平均損失が2万円＝**損益率1・0**
トレードごとの平均利益が1万円、平均損失が2万円＝**損益率－0・5**

私の言う「損益率」とは簡単に言えば、利益がどれだけ損失を上回るかを示したものであり、この数値が高いほど利益が大きくなります。

例えば、**勝率が60％でも、トレードごとの利益が損失を下回る場合は、資産はマイナスになることもあります。**

右の計算式の一番左（損益率－0・5）に当てはめると、平均利益1万円×6回－平均損失2万円×4回＝マイナス2万円となるわけです。

しかし、勝率が40％で損益率が2・0の場合は、利益2万円×4回－損失1万円

×6回＝プラス2万円となります。

つまり、**大事なのは「勝つ回数」ではなく、1回あたりの取引の損失額を減らし、利益額を増やすことであり、**いわゆる「損小利大」を私は目指しているのです。

損益率を上げるために「相場環境」を把握する

では、損益率を高く維持するには、どうすればいいでしょうか。

答えはシンプルで、**勝つ時の金額を大きくし、負ける時の金額を小さく**すれば、損益率は改善されます。

つまり、「大きく負けないことを徹底しながら、勝つ時はドカンと大きく勝つ」ということです。

しかし、「それができるなら、最初から苦労しない」という声が聞こえてきそうです。そんな方法があるなら早く教えてほしい、と。

そこで私が徹底しているのが、前述した「**相場環境の把握**」なのです。

例えば、価格が上昇している局面があるとします。

「さらに上がるのではないか」と判断して通貨を買いたくなる場面です。

しかし、買った途端に下落して損をしたり、思ったほど価格が伸びなくて、たいして儲けることができなかった、という経験がある人も多いでしょう。


なぜ、こうしたことが起きるかというと、**近視眼的に相場状況を見ているから**に他なりません。

目先の価格の動きしか見ておらず、今の相場がどんな状況にあるかがわかっていないから、予想が当たらないのです。当然、勝率や損益率はどんどん下がっていくでしょう。


勝つためには、もっと視野を広げる必要があります。

「今の価格は高いのか、安いのか」「相場は強いのか、弱いのか」「他のトレーダーはこの状況をどう見ているのか」など、様々な角度から相場を俯瞰して見ることではじめて、**次はどちらに動くのか、どれくらい大きく動くのか**が、ある程度見えてくるのです。

この作業こそが、「相場環境を把握する」という、私が最も大切にしているトレードの習慣であり、そこで実際に何をどういう順番で行っているかについては、2章以降の各章で詳しく紹介していきたいと思います。

リスク以上のリターンが見込める場所で投資

相場環境を正確に把握することに加え、**エントリー時の「リスク」を理解すること**も損小利大のトレードのポイントになります。

あなたが投資したポイントは、はたして**リスクに見合うだけのリターンを見込めるか**どうかを知っておくことは、損益率の高いトレードを実現する上で極めて重要だからです。

クジ引きに例えると、理解しやすいでしょう。仮に、「1回1000円のクジの当たりが500円の景品」だとすれば、買う人はいるでしょうか？　それなら普通に景品を買った方がいいに決まっています。

トレードでも同じことが言えます。「**読みが外れると、5000円損をするかもしれないけれど、当たれば1万円の利益が期待できる**」という場面でトレードするのが望ましいのは言うまでもありません。

逆の場面では、トレードを控えるという判断をすべきでしょう。

つねにリスク以上のリターンが見込めるポイントでエントリーすることを習慣づけていけば、皆さんの損益率は1・5、2・0とどんどん高まっていくはずです。

たとえトータルでは負けた回数の方が多くても、しっかり利益を得ることができるようになるのです。

このエントリー時のリスク・リターンの判断については、2章以降で詳しく説明していきます。

円安の今、FXを始めるまたとないチャンス

冒頭でも述べましたが、2022年以降急激な円安が進行しています。

実生活では物価上昇などネガティブな面がクローズアップされていますが、私は**FXをはじめとする外貨投資を学ぶ上ではとても良い環境**だと思っています。

2020年から始まった新型コロナウイルス感染症により、経済の停滞を余儀なくされた先進各国は大規模な金融緩和を実施し、その結果、**グローバル規模のインフレ**を招きました。

実際、アメリカの2022年7月の消費者物価指数は、前年同月比で8・5%上昇しています。

インフレを抑えるため、アメリカのＦＲＢ（米国連邦準備制度理事会）は金利を段階的に引き上げ、１月時点の０・25％から10月には４・０％まで上昇しています。

これほど短期間で金融引き締めが行われるのは異例のことであり、その結果「円安ドル高」の流れが顕著になったわけですが、私はこうした一連の流れは**為替の動きを勉強する上でとても有益**だと思っています。

金利の引き上げや引き下げという大きな政策は、本来そう頻繁に行われるものではなく、金利の上げ下げが為替にどんな影響を及ぼすのかを、何度も見て、学ぶことができるのは得難い経験だからです。

今後、日本が低金利政策を継続する一方で、アメリカがさらに金利を引き上げると、ますます日米間の金利差は拡大し、**円からドルに資金はシフトする**でしょう。

為替は今後も大きく動くことが予想され、ＦＸで稼ぐチャンスはますます拡大するはずです。

加えて、円安方向に進めば、ドルを保有することによる金利収入を見込むこともできます。

現在は、FXを学び、実践する最高のタイミングと言って差し支えないのではないでしょうか。

本書は、私がFXで勝ち続けるために実践している「相場環境の把握」を中心に、実際にどういう場面で、どのようなタイミングで投資をして、利益を確保していくかを具体的に述べたものです。

決して難解な相場分析やトレード手法を論じたものではなく、シンプルに今のレートは高いのか、安いのか、相場は強いのか、弱いのかを理解することで、**トレードに入る適切なタイミングを探し当て、**勝つ時は大きく勝ち、負ける時は小さく負けることを目指し、実現する方法をまとめました。

独自のアプローチなので他に類書はなく、FXの初心者・経験者を問わず役立つことをお約束いたします。

2022年12月

TAKA

本書は情報提供を目的としており、金融商品の購入を勧誘するものではありません。投資の最終決定並びに本書の活用は、ご自身の判断と責任にて行ってください。

と「トレンド相場」、
るのはどっち?

トレンド相場

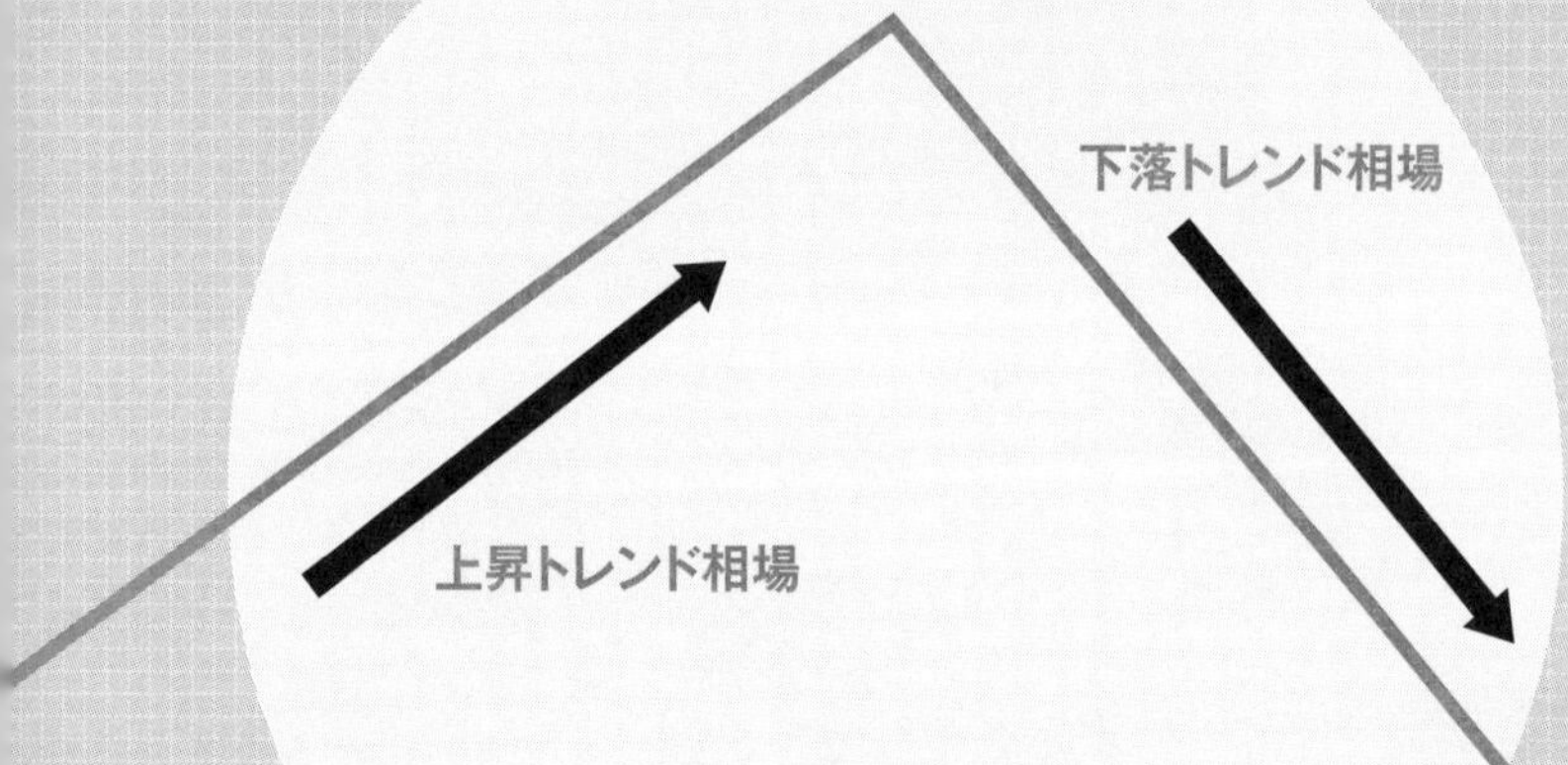

トレンドの波に乗っていけば
大きく稼げる?

突然ですが
問題です！

Q「レンジ相場」大きく稼げ

レンジ相場

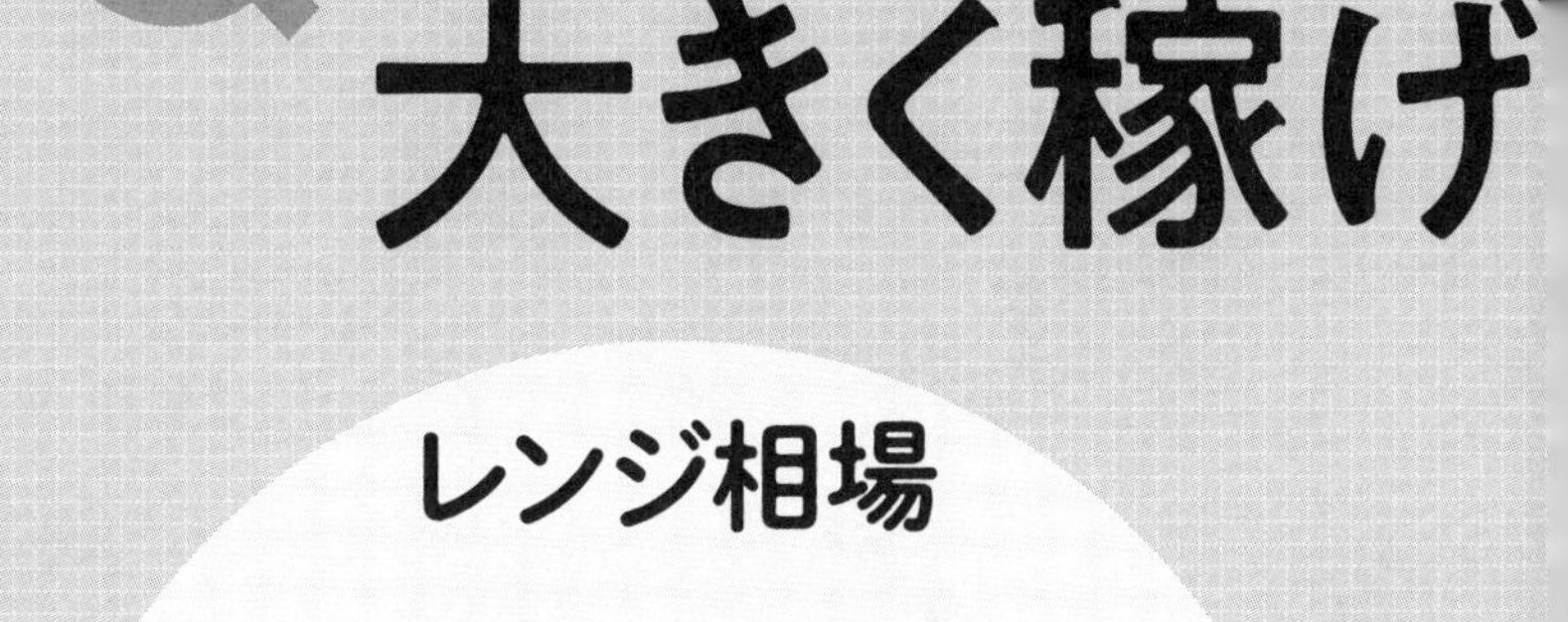
一定の値幅を行ったり来たり

動きに規則性があるので、その流れに乗って何度も稼げる？

← 答えは…？

突然ですが
TAKAは
猫が好き

はレンジから
るところ!

上昇トレンド
相場

レンジを抜けた!

ここの
大きな動きを
とりにいく!

しかし問題が……!

レンジを抜けて
トレンドに移行するタイミングを
予測するのが難しい…

答え！

A 私(TAKA)が狙うのトレンドに変わ

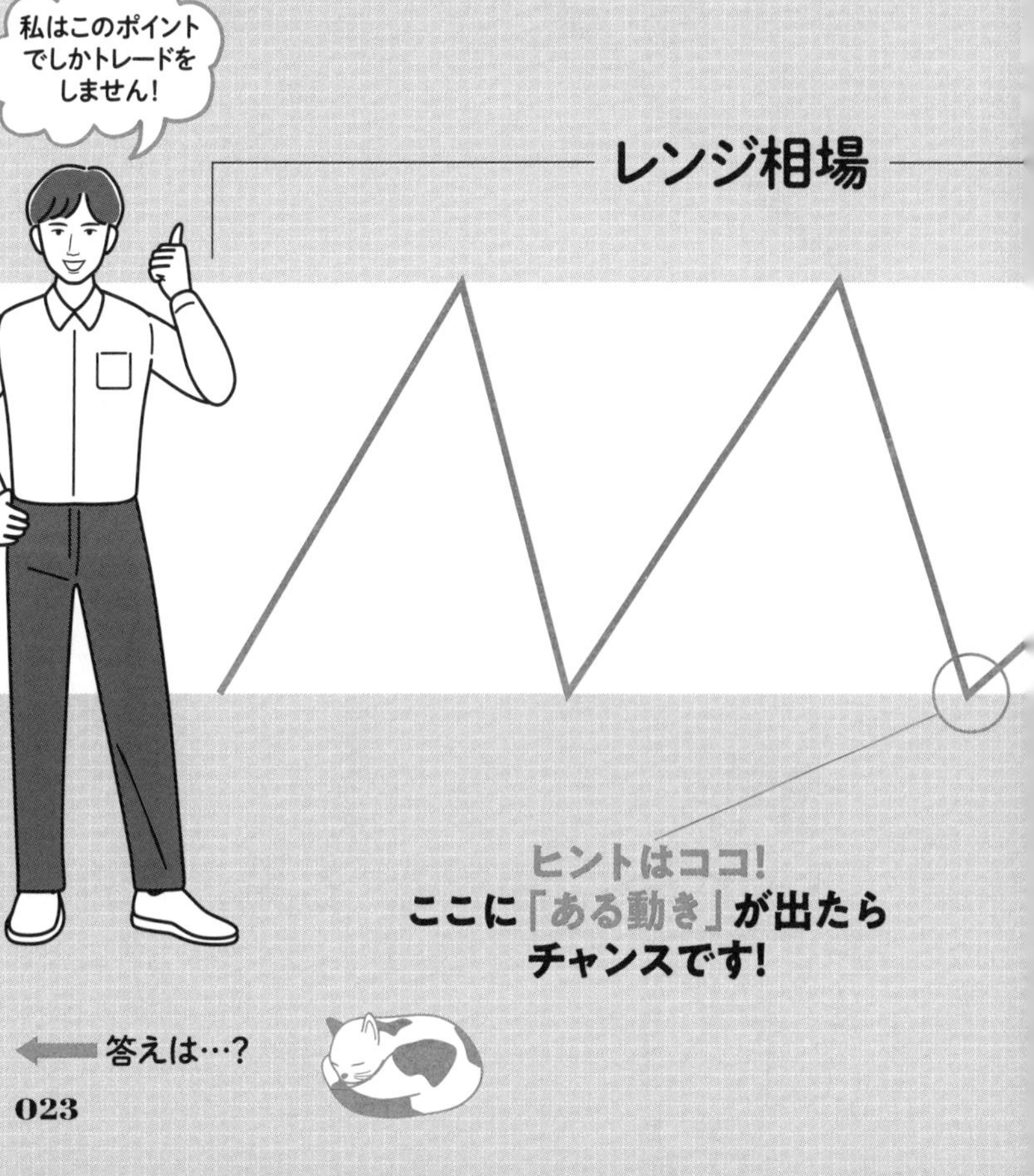

私はこのポイントでしかトレードをしません！
レンジ相場
ヒントはココ！
ここに「ある動き」が出たらチャンスです！

← 答えは…？

の“前兆”を
る!

これが大きく動く前兆!

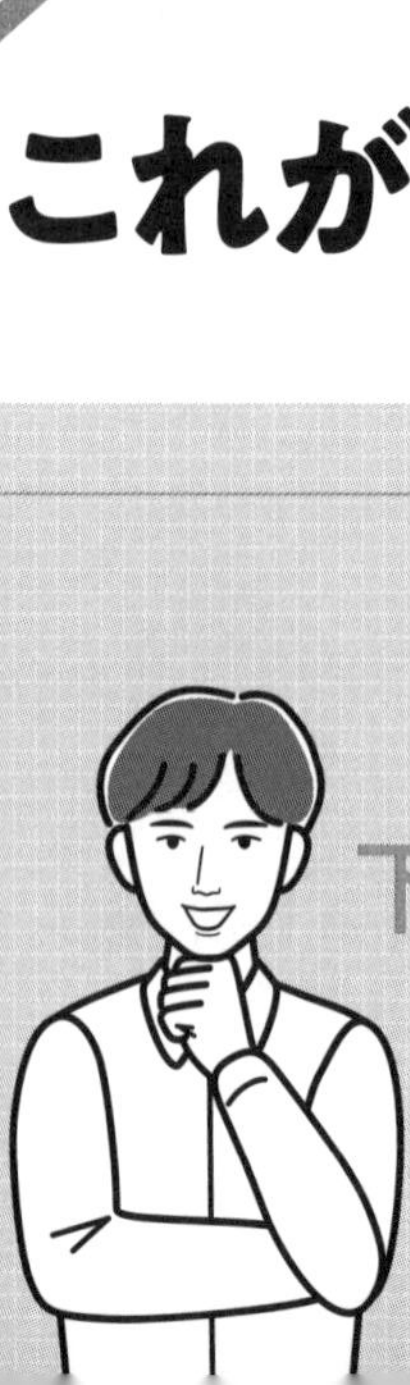

下に抜けた! と見えたが、
実際は抜けなかった

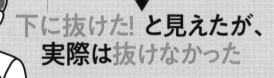

勝ちトレードの法則

大きく動く際正確にとらえ

実際のチャート図はこんな感じ!

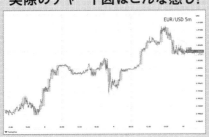

なぜ、
これが大きく動く
前触れになるのか、
本書で詳しく紹介します!

これがわかれば、あなたもFXで稼げる!

本編スタート!

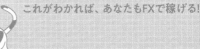

『円安・円高でもＦＸで稼ぎ続けるうまい方法』目次

Make Money Smart with FX Trading

第2章

FXで稼ぐ人がトレード前に最初にやること

第3章 「トレンド相場」と「レンジ相場」どちらが稼げるか？

第4章

FXは心理戦！ 勝つための戦略「ヒゲ」に注目

第5章

ダウ理論で「買う」か「売る」かを最初に決める

第6章 3ステップで負けない！勝ち続けるトレードを復習

※本書の為替チャートはすべてTradingViewを使用

FX

Make Money Smart with FX Trading

第1章

為替の超基礎知識！円安・円高はどう決まる？

Chapter01

２０２２年は為替相場が大きく変動した

ＦＸの実践テクニックに入る前に、１章ではＦＸをはじめとする外貨投資の特徴や魅力などについて説明していきます。ＦＸがまったく初めての人は、まずはこの章で全体像をおさえてから、実践編へ進んでください。

すでにある程度の為替の知識を持ち、ＦＸの経験が多少なりともある人は、**1章を飛ばして2章に進んでいただいても構いません。**

さて、コロナ禍が本格化し始めた２０２０年１月、ドル円の価格は１１０円前後で推移していましたが、同年末には１０３円台まで円高に振れました。

ところが、２０２１年以降は徐々に円安にシフトし始め、２０２２年１月に１ドル１１５円だった為替相場は、10月には１ドル１５０円台まで円安が進みました。

わずか10カ月で30％以上価格が動いた結果、**32年ぶりの円安水準**になったわけです。

円安のメリット・デメリットとは?

私は昨今の**円安のトレンドは、当面は継続する**と見ています。政府・日銀は急激な円安に歯止めをかけるため、2022年9月22日に約24年ぶりの円買い・ドル売りの為替介入に踏み切りました。

財務省によるとその額は2兆8382億円にのぼり、ドル円相場も一時は144円台から142円台に円高に振れましたが、その後すぐに円安に戻り、逆に145円を超えました。

外国為替市場の参加者のトレンドは、円安ドル高であることがわかります。

知らない人もいるかもしれないので、ここで為替の基礎をおさらいします。

外国為替市場とは、円やドルなど異なる通貨を売買(交換)する場を指しますが、実際はインターネットや電話を使い売買をするので、証券取引所のように実在する場所があるわけではありません。

一般的に日本時間の朝9時〜17時頃を「**東京外国為替市場**」、16時〜深夜2時頃を「**ロンドン外国為替市場**」、21時〜翌朝6時頃を「**ニューヨーク外国為替市場**」と呼び、毎週月曜朝から土曜日朝まで止まることなく市場は開いています。

ＦＸが平日24時間取引できるのは、そのためです。

外国為替市場では、各国中央銀行や市中銀行など金融機関が通貨を売買する「**インターバンク市場**」と、銀行が売買を仲介し企業や個人と取引する「**対顧客市場**」があり、需給の変化に応じてリアルタイムに変動します。

「前日に比べて〇〇の円安(円高)」と日々のニュースでよく耳にするのは、外国為替相場の変動を伝えているわけです。

円安・円高は、「**他の通貨に対して円の価値が安くなった・高くなった**」を意味する言葉で、基本的には次のように理解します。

円安＝他通貨に比べて円の価値が安くなった

円高＝他通貨に比べて円の価値が高くなった

ドル円を例に考えましょう。

1ドル＝100円だった為替相場が翌週に1ドル＝110円になったとします。これは、先週なら1ドルを調達するのに100円で済んでいたのが、翌週は110円が必要になったことを意味します。

つまり、ドル円レートは上昇していますが、ドルに対して円の価値が安くなったので「円安」と呼ぶわけです。

反対に1ドル＝90円に下落すると、先週に比べてドルを調達しやすくなるので、「円高」となります。


為替の変動は日常生活にどういった影響を与えるのでしょうか。メリット・デメリットをまとめました。

■円安のメリット・デメリット

メリット：輸出産業の業績がよくなる／海外投資のリターンがよくなる

デメリット：輸入品や海外から輸入するエネルギー・食料価格が上昇する／輸入産業の業績が悪化する

■円高のメリット・デメリット

メリット：輸入産業の業績がよくなる／輸入品の価格が安くなる

デメリット：輸出産業の業績が悪化する／海外投資のリターンが悪化する

円安・円高の双方にメリット・デメリットがありますが、2022年はご存じのように、空前の円安局面が到来しました。

その結果、石油や石炭、天然ガスなどエネルギーを輸入に依存する日本では、ガソリン代や電気代が上昇し、小麦や大豆など輸入の割合が高い製品の価格も上がりました。

円安・円高はこうして決まる

なぜ、これほど円安が進行したのでしょうか。

理由は簡単で、外国為替相場は需給で決まると述べた通り、対ドルであれば「**日本円を売ってドルを買いたい**」**という市場参加者**(機関投資家や個人投資家、企業など)**が圧倒的に多い**からです。

1ドル＝120円だったのが130円、140円になっても、円をドルに替えたい人が多いから、円安に歯止めがかからないのです。

ではなぜ、ドルを買いたい人が多いのでしょうか? 原因は**日米の「金利差」**にあります。

金利の低い円を持つよりも、金利の高いドルを手に入れたい人が多いため、ドル買い・円売りが続いているのです。

ではここで、日米間に大きな金利差が生まれた背景を少しふり返ってみましょう。

バブル崩壊後以降、日本政府・日銀は景気低迷を理由に低金利政策を実施し、アベノミクス以降も経済活性化を目的に金融緩和を推し進めてきました。

金利を下げると企業が銀行からお金を借りやすくなるため、市中に回るお金を増やして景気を浮上させるのが狙いです。一方、ゼロ金利になった結果、預金をしてもほとんど利息はつかなくなりました。

2020年のコロナ禍以降は、世界中の政府・中央銀行が経済を下支えするため低金利政策による金融緩和を行ったり、自国民や企業などに対して金銭的な支援も実施しました。

これにより、市場には大量のお金が出回り自国経済の低迷を免れることはできましたが、**金利を引き下げ、市場にお金が過剰に出回ったことでその価値は下がり、モノの価値が上がる「インフレ」が過度に起きてしまいました。**

コロナにより世界中の生産拠点をはじめとするサプライチェーンの稼働が止まり、半導体などモノ不足になったことも関係しています。そのため、次はモノが高くて買えないといった事態に陥りました。

円安が当面継続する本当の理由

インフレに陥ったアメリカや欧州諸国は、**インフレ率の低下を目指し、2022年に入ってからは金利の引き上げ**を行っています。

金利が上昇すると市場に出回るお金の量が減るので、インフレは沈静化するからです。

ところが、この歩調に合わせられないのが、未だデフレ経済から脱却できない日本です。

円安などに伴い物価は上がり、総務省が発表した8月の消費者物価指数は、総合指数で前年同月比プラス3・0%（生鮮食品を除くと2・8%）。

アベノミクスが掲げた目標の物価上昇率2%をクリアするどころか、上振れしています。

本来なら、金融緩和をただちにやめて金利の引き上げに転じるなど、日本でも新たな策を講じるべきなのでしょうが、日銀の黒田総裁は「今のインフレはコストプッシュ型で長続きしない」との理由から、ゼロ金利政策を継続しています。

そこで起きたのが、**「日本と諸外国との金利差」**です。

「アメリカは金利が高く」、「日本は金利が低い」となると、**預けておくだけで高い利息が受け取れるドルにお金は流れる**ため、日本円は売られ、ドルは買われた結果、円安ドル高になっているのです。

図1　「金利の差」が円安の原因のひとつ

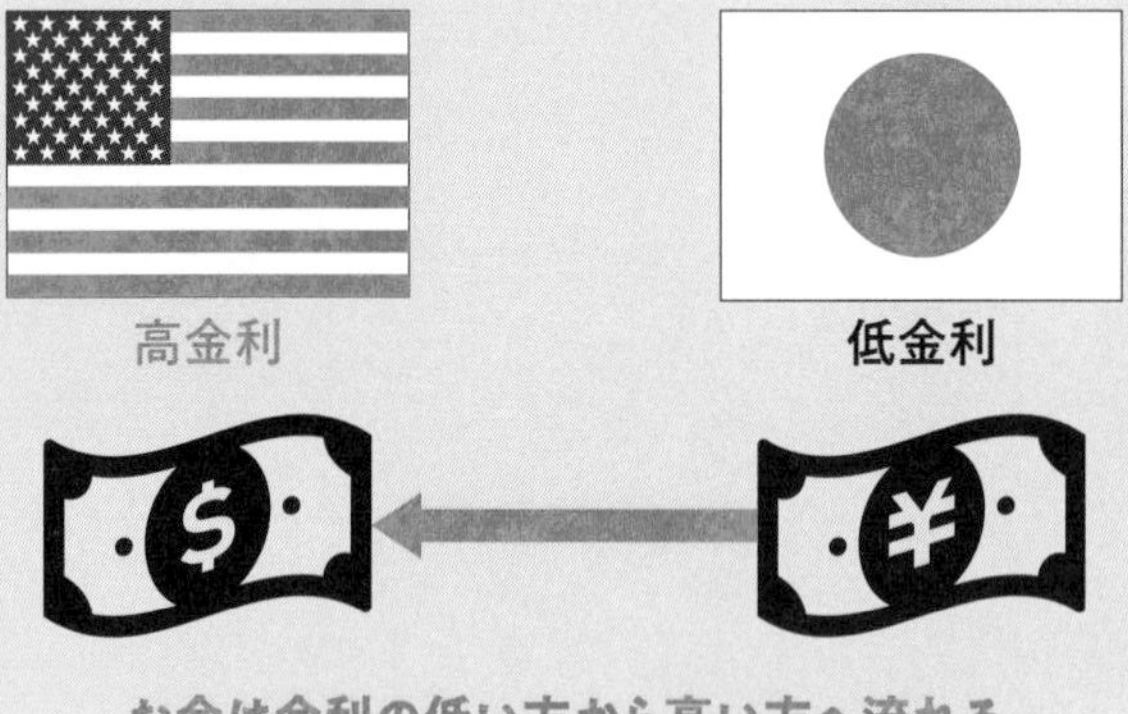
高金利
低金利
$
¥
お金は金利の低い方から高い方へ流れる

これが、今起きている円安の要因のひとつであり、同様のことはユーロやポンドなど他の通貨との間でも起きています。

また、現在は世界各国がポストコロナの金融政策に注目しているため、金利の変動が通貨の需給に影響を与えやすい状況になっており、それもまた円安が進む要因になっています。

ちなみに、今は「金利」ですが、状況が変わると「雇用」になるなど、為替の需給を左右するテーマも移り変わっていくことを覚えておくとよいでしょう。

ただし、アメリカをはじめ先進諸国はインフレを抑制するため、今後も継続して利上げを実施すると明言しています。

そうしたことから、**私は「金利」が需給を決める要因である状態が長引く**と考えています。つまり、円安は当面続くと見ています。

「株式」ではなく「為替」が有利な時代

円安が当面続くというのなら、**円安の恩恵を受けることができる海外投資に目を向けるべき**でしょう。

2020年から21年にかけてブームとなった**米国株式投資**も、その候補のひとつと言えます。

今は多くの証券会社で米国株式を購入することができますし、米国の株式を組み入れた投資信託もたくさんあります。

円安が進めば、為替差益でプラスの収益を期待することができるでしょう。

ただし、金利が上がると企業は金融機関からお金を借りにくくなり、借入金の返済負担も上昇します。

それが重しになり**株価は下がることが多く、株への投資はリスクが増大するので注意が必要**です。

実際、アメリカの代表的な株価指数のNYダウやS&P500、ナスダック総合指数は2022年に入り、大きくポイントを下げています。

では、他の外貨建て金融商品はどうでしょうか。主な商品の特徴と魅力を挙げてみます。

【外貨預金】

日本の銀行や外国銀行の日本支店などが提供していて、口座を開設することで利用できます。

仕組みは円による預金と同じですが、金利水準は各通貨で異なるので、**金利の高い通貨で預金をすると円よりも多くの利息を得られ**たり、外貨から円に戻すタイミングで預けた時点より円安になっていると為替差益が生まれます。

ただし、反対に換金する際に円高になっていると、円換算では預金額が目減りすることもあります。

円と外貨の交換には為替手数料も発生します。

【外貨建てMMF】

MMFとは「マネー・マーケット・ファンド」の略で、外貨建ての債券を中心とした投資信託です。

一定の預入期間がなく、**いつでも出し入れ自由であり、購入・売却時の手数料もかかりません。**

一方で、投資信託なので価格変動によっては元本割れを起こし、債権の支払いが滞る信用リスクや、他の外貨建て金融商品と同じく為替変動のリスクも伴います。

【FX（外国為替証拠金取引）】

一定の証拠金（保証金）を預けることで、**最大でその25倍の外貨取引ができる**金融商品です。

銀行や証券会社、FXの専業会社がインターネットを使いサービスを提供しており、スマホ向けの取引アプリも充実しています。

1万円以下の少額資金から投資を始めることができるのが魅力で、24時間いつでも取引可能です。

外貨預金と異なり、**「円安」のみならず「円高」でも利益を狙うことができる**点も大きな魅力です。

仮に今後、円高局面が訪れても、**「売り」取引から入ることで、為替差益を狙うことは十分可能**です。

ただし、ドルを買うことで手に入れることができたスワップ金利は、円高局面では(売り取引では)反対に支払うことになるので注意が必要です。

FXは売買益に加えて金利収入を得られる

FXは「通貨の変動」により損益が生まれます。

前述したように、円安の方向に動かないと為替差益が生じない外貨預金と違い、為替が円安・円高のどちらに動いても収益チャンスが発生します。

また、通貨を交換する際の手数料も外貨預金に比べると格安で、コストを意識しないで取引できるのも魅力でしょう。

高金利通貨を保有することで、毎日金利収入（スワップポイント）を受け取れるのも、ＦＸならではのメリットです。

詳しくは次章で解説しますが、ドル円の取引でドル買いをすると、為替が円安に動くことで利益が生まれ、かつ金利も得られるという2つの収益機会を得られます。

もちろん、為替相場が予想と反対方向に動けば、損失を被る可能性があります。**預けた資金以上の通貨を取引できる「レバレッジ」の仕組みは、素人には危険**だと指摘する声もあります。

しかし、レバレッジの強弱は、投資家が自身のリスク許容度に合わせて調整することができるため、必ずしもリスクにはなりません。
預けた資金と同じ量でトレードすれば(レバレッジ1倍)、その分のリスクは発生しないのです。

要するに仕組みをしっかり理解し、正しく運用すれば、FXは必要以上に怖がる金融商品ではないということです。

むしろ、円安局面を利用して上手に稼ぐことができる、利便性に富んだ外貨投資の手段だと私は考えています。

次章では、いよいよFXの実践的テクニックに触れていきます。

まずはFXの仕組みをしっかりおさえた上で、大きく勝ち、大きく負けないトレードを実践するために必要なノウハウを、順を追って紹介していきます。

FX

Make Money Smart with FX Trading

第2章

FXで稼ぐ人がトレード前に最初にやること

Chapter02

ＦＸは通貨間に強弱があるほど稼ぎやすい

前章では、円安が進行する中で、外貨投資、とりわけＦＸは資産を増やすために効果的な手段だと述べました。

第２章では、ＦＸの基礎をおさらいしつつ、**私がトレードする上で最も重視している「相場環境の把握」の仕方**について解説します。**為替相場の基本をしっかりおさえる**ことは、ＦＸで稼ぎ続ける上でとても重要なことです。

順を追って説明していきますので、ぜひ頭にたたきこんでください。

その前に、もう一度ＦＸについておさらいします。

ＦＸ（外国為替証拠金取引）は、為替レートの変動を利用して差益を狙う金融商品です。円からドルなどある国の通貨を、別の国の通貨に交換する外国為替を、英語では「Ｆｏｒｅｉｇｎ Ｅｘｃｈａｎｇｅ」と言いますが、それを略してＦＸと呼ぶようになりました。

１９９８年の外国為替法改正により個人にも解禁された後、業者の金融庁への登録、悪質な勧誘の禁止、レバレッジの上限規制など、一定のルール変更を経て今日に至ります。

モノやサービス、株式などと異なり、**ＦＸで取引するのは「通貨間の交換レート（為替レート）」**です。例えば、１ドル１００円の時、10万円分をドルに交換すると１０００ドルになり、１１０円になった時点で円に両替すると11万円になり、１万円得したことになります。

反対に1ドルが90円になった時に両替すると9万円になるので、１万円の損失が生まれます。

このように、**つねに変動する為替レートの特性を金融商品に応用したのがＦＸ**です。以下、ＦＸの基礎知識を順を追って紹介していきましょう。

FXの基礎知識①

レバレッジを利かせることで最大25倍の資金を動かすことができる

ＦＸでは、取引事業者によって最低取引単位が決められています。

１万通貨だとしたらドルは１万ドル、ユーロなら１万ユーロから取引ができ、仮に１ドル１００円だとすると、１万ドル＝１００万円の取引を意味します。

ではこの場合、投資家は１００万円を用意する必要があるかというと、そうではありません。

ＦＸでは最大25倍のレバレッジ取引が認められているので、総取引金額の25分の１（４％）の資金を口座に入金すればいいのです。

実際には、余裕をもたせて10万円程度を口座に入金すれば取引を始められます。

この**最低投資金額を「証拠金(取引証拠金)」**と呼びます。逆に言うと、証拠金未満の資金でFXを始めることはできません。

ちなみに現在は、1000通貨など、より少ない単位で取引できるFX事業者が多くあり、より少額で始められる環境が整っています。ただし、最低投資金額は為替レートにより変動するのでご注意ください。

レバレッジ取引は少ない投資額で大きな利益が狙える一方、トレードに失敗すると損失が大きくなります。

FX事業者は基本的に、一定以上の損失が発生すると強制的に取引が終了する「ロスカットルール」を設けていますが、急な為替変動時は想定以上の損失が生まれる可能性があるので、注意しないといけません。

FXの基礎知識②

ふつうの「株投資」と違い、「買い」と「売り」が簡単にできる

「買い（ロング）」と**「売り（ショート）」**の取引で利益が狙えるのも、ＦＸならではの特徴です。

円とドルを取引するドル円の例を挙げると、「買い」は１ドル１００円の時に円からドルに交換し（ドルを買う）、１１０円になった時点で売却すると、その差額の10円分が利益となります。

1万通貨の取引だと10円×1万ドル＝10万円の利益となります。反対に**1ドルが90円になると10万円分の損失**が発生します。

一方の「売り」は、通貨の下落による利益を狙います。

先ほどとは反対に、１ドル１００円の時に「売り取引」を始め、１ドル90円になった時点で買い戻すと10円分の利益が、反対に１１０円になると10万円分の損失が生じます。

つまり、**為替レートが上昇・下落のどちらに動いても収益チャンスになる**というわけです。

私自身も、相場の状況を見極め、買いと売りの両方を使い分けることで利益を積み重ねています。

図2 「買い」と「売り」の両面から利益を狙う

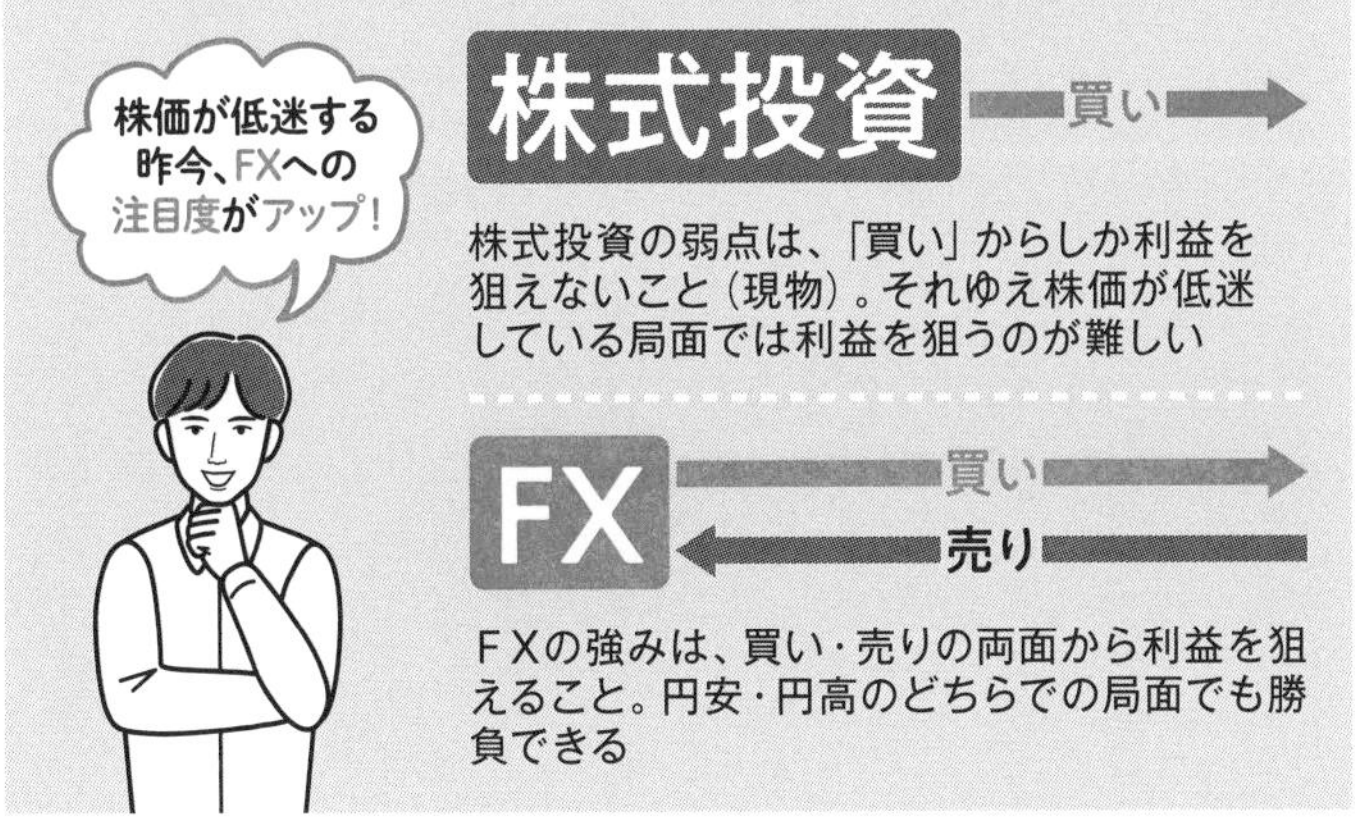
株価が低迷する
昨今、FXへの
注目度がアップ！
株式投資
買い
株式投資の弱点は、「買い」からしか利益を狙えないこと（現物）。それゆえ株価が低迷している局面では利益を狙うのが難しい
FX
買い
売り
ＦＸの強みは、買い・売りの両面から利益を狙えること。円安・円高のどちらでの局面でも勝負できる

FXの基礎知識③

通貨ペアはドル円から始めてドルユーロなどへ進む

「スワップポイント」（金利収入）が得られるのも特徴です。

FXでは、低金利の通貨を売り、高金利の通貨を買うことで、スワップポイントを受け取ることができます。

例えば日本の政策金利は−0・10%でアメリカは3・75〜4・00%です。

ドル円を買い取引すると、通貨を保有している間は**1万通貨当たり150円前後**のスワップポイントを毎日受け取ることができます（2022年10月時点。金額はFX各社で異なる）。

スワップポイントの基準となる政策金利は、景気の状況により見直され、付与される金額も変動しますが、高金利通貨を持ち続ける限り、金利差による収益を得られるのは魅力的でしょう。

ただし、**高金利通貨を売って低金利通貨を買った場合は、スワップポイントの支払いが生じます。**

FXではドル円やユーロ円、ユーロドルなど、必ず2種類の通貨を組み合わせて取引をしますが、これを「**通貨ペア**」と呼びます。

日本国内の事業者は、円と外貨を組み合わせた対円の通貨ペアが充実しており、外資系の事業者は外貨同士の通貨ペアが豊富といったように、FX会社により取引できる通貨ペアは異なります。

また、スワップポイントの水準、市況に関する情報提供の頻度・内容、コストなど、サービス全般は各社によって変わります。

「手数料が安い」「取引ツールにこだわっている」「セキュリティ対策が万全」など各社のウリは異なるので、インターネットの比較サービスも参考にしながら、まずは複数の会社に口座を開き、使い勝手を確かめながら自分に合うものを探すといいでしょう。

口座開設は無料なところが多いので、気にせず開いて構いません。

では、数ある通貨ペアの中から、実際に取引する通貨ペアをどう絞り込むべきでしょうか。

私は**初心者は「ドル円」から始めるのがよい**と思います。

ニュースの最後に、「今日の円相場は1ドル何円でした」と報じられることが多いように、ドル円については情報も多く、今は円安に進んでいるとか、今後も続きそうだなどと、値動きに関する予測等も耳にしやすいでしょう。

それらを参考にしてトレードするのが、最初は無難だと思います。

まずは「円」を軸にして、ドル円やユーロ円、ポンド円、豪ドル円とトレードの幅を広げていくイメージですが、慣れてきたら**いずれは「ドル」を軸にトレードすること**をお勧めします。

何と言っても**ドルは世界の基軸通貨であり、取引量が世界最大**です。

為替市場の中心的存在だからこそ、ドルが動くと相場全体が勢いづくケースはよく見られます。

強いドルと組み合わせる通貨はどれか、またはドルが弱い場合はどの通貨と組み合わせるべきかなど、ドルを中心に戦略を組み立てると、収益チャンスもきっと広がるでしょう。

具体的には、ユーロドルやポンドドルなどの通貨ペアを選択します。ぜひ、トレードに慣れてきたらドルを軸にした投資を試してみてください。

FXの基礎知識④

その週で最も「強い通貨」と「弱い通貨」を知る

前項では、ドル円やユーロドルなど、取引する通貨ペアを決めましょう、という話をしました。

じつはこの「トレードする通貨ペアを決める」作業は、私が投資をする際に一番最初に行うことです。

そして通貨ペアを決める際に、基準にしている考え方が、「**最も強い通貨**」と「**最も弱い通貨**」を**組み合わせて投資**することです。

前述したように金利の高い通貨が買われ、低い通貨が売られるなど、その時々の事情により人気のある通貨、ない通貨は決まります。

こうした**人気の差が激しい通貨ペアほど、一方向に値が動きやすく、利益が取り**

図3「トレーディングビュー」で通貨の強弱をチェック!

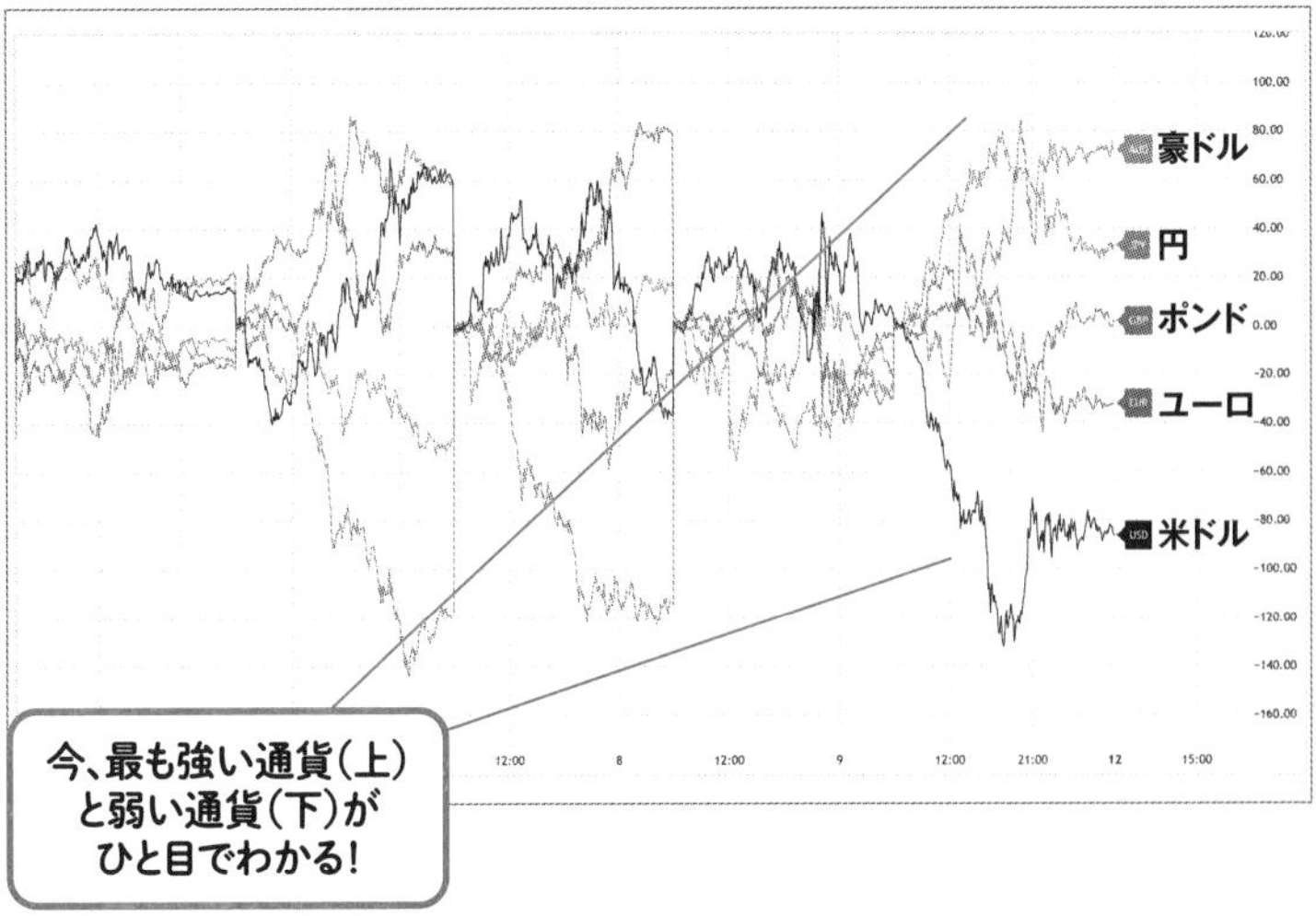
豪ドル
円
ポンド
ユーロ
米ドル
今、最も強い通貨(上)と弱い通貨(下)がひと目でわかる!

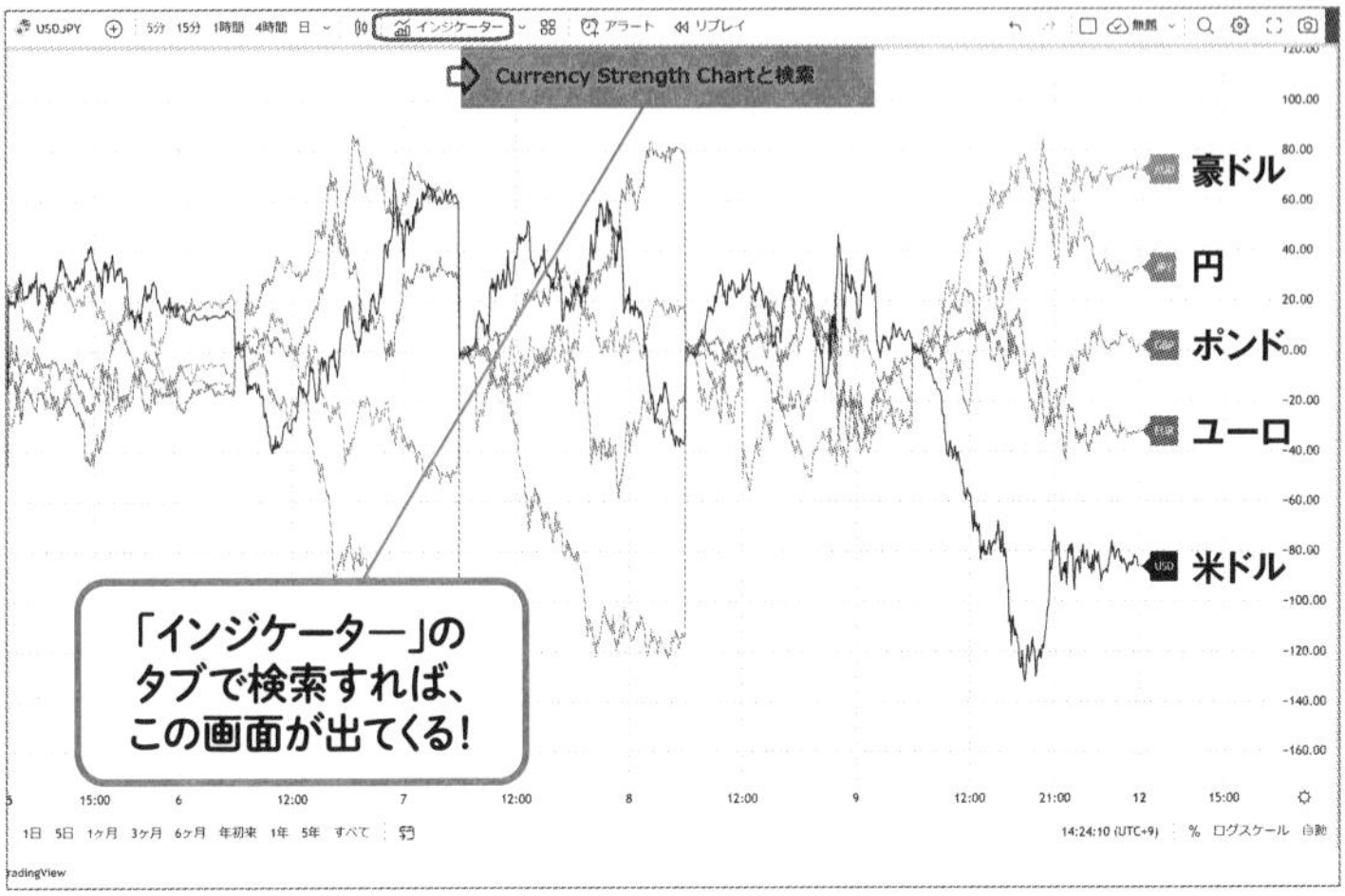
インジケーター
Currency Strength Chartと検索
豪ドル
円
ポンド
ユーロ
米ドル
「インジケーター」のタブで検索すれば、この画面が出てくる!

やすいので積極的に狙っていきたいところです。

私は、過去の通貨の変動率から算出した通貨指数をもとに、通貨ごとの「強弱」をビジュアル化したチャートを参考にしています(図3)。

図3は高機能チャートツール「**TradingView**(**トレーディングビュー**)」の強弱チャートです。「インジケーター」のタブで「Currency Strength Chart」と検索すればアクセスできます。

インターネットで「通貨ペア 強弱」と検索すれば、他のサービスを見つけることも可能です。強弱チャートは起点日から各通貨が上昇・下落のどちらに向かったのかを示していて、0を基準に**上向きなら上昇**(**買われている**)、**下向きなら下落**(**売られている**)と見ます。

この図の場合、豪ドルが最も買われているとわかりますが、その裏では他の通貨が売られていないといけません。ところが、円やポンドも買われていますから、これらの通貨を売って豪ドルの価格が上がったわけではないことがわかります。

一方、**ユーロやドルは価格を下げているため、おそらくこれらの通貨が売られて豪ドルや円、ポンドが買われたと想像することができます。**

通貨の値動きを1日単位で見ると、説明がつかない突発的な動きも多いですが、週単位になるとしっかりしたトレンドになるため、強弱チャートを使って**大きな流れを知ることで、どの通貨ペアをどちらの方向から取引に入ればいいか見当がつきやすくなる**のです。

片方の通貨が強くて、もう片方が弱い状況になると値動きは生まれやすくなり、利益を狙うチャンスです。

反対に、**どちらも強い、どちらも弱い通貨の組み合わせは、値動きが生まれにくく、その時の取引には適していない**と判断すべきです。

こうした「通貨の強弱チャート」はFX会社のサービスとして提供されており、FX情報サイトやチャートツールで閲覧することも可能です。

FXの基礎知識⑤

今後も「金利」の上げ下げで為替が動くことになるだろう

通貨ペアの価格が動けば動くほど為替差益は狙いやすいので、**2020年以降は、FXで稼ぐのに適した環境**でした。

本来、世界の景気・経済状況が急変することは少なく、案外物事はゆったり流れているものです。

ところが、コロナ禍が始まってからは、アメリカをはじめ各国が大規模な金融緩和を始めたと思ったら、今度はインフレに直面すると金融引き締めに転じるなど、目まぐるしく金融政策が変わり、金利も引き下げから引き上げに転じました。

結果的に、日米間の金利差が広がることで円安ドル高が進行しましたが、**金利と為替の関係を理解していればそれをトレードに活かせる局面は多かった**と思います。

アメリカの2022年9月の消費者物価指数は、前年同月比で8・2%上昇と、未だ記録的水準のインフレは継続しており、FRBはさらなる利上げを示唆しています。

こうした傾向はユーロなど先進各国で見られ、金融緩和を継続する日本とは対照的です。

多くの市場関係者が金利に注目する中、「円」と他の通貨の金利差は広がっているので、これからも円安のトレンドは継続する可能性は十分あるでしょう。

少なくとも、**インフレが鎮静化しない限り、利上げは終わらないでしょうから、金利に注目したトレードは当面続く**というのが、大方の見方です。

各国首脳や中央銀行は難しいかじ取りを迫られていますが、通貨の価値は政策に合わせて変化しますから、ニュースとも照らし合わせながら通貨の動向について理解を深めていきましょう。

FXの基礎知識⑥

最初は少資金で始めて経験を積む！1年やれば相当上達する

株式投資や不動産投資は、ある程度まとまったお金がないと投資をすることができませんが、ＦＸは10万円もあれば十分投資できるため、まずは少額からチャレンジしてみることをお勧めします。

少額というのは、**最悪ゼロになっても構わないぐらいのお金**、というイメージです。

当たり前の話ですが、ＦＸに初心者向けの市場はありません。

初心者もベテランも同じ場所でトレードをするので、最初はうまくいかなくて当然です。

しかし、経験を積むことで、売買タイミングなどのコツをつかめるようになっていくので、1年間トレードを続ければベテランとの差は必ず縮まるでしょう。

大きな失敗をやらかして、早々にFXをあきらめないためにも、最初はスモールサイズで始め、失敗してもリカバリーできるようにしておくことが大切です。**間違っても、いきなり数百万円を投じて大きな取引をすべきではありません。**負けが込むと、取り返しがつかなくなります。

FXはレバレッジをかけられるので、取引がうまくいくと証拠金に対して利益をハイペースで増やすことも可能です。

1万円を2万円、5万円を15万円に増やせるぐらいのスキルが整ってから、投資資金を増額すればよいでしょう。要するに、結果を出してから次のステップに進みましょう、ということです。

FXの基礎知識⑦

人気の短期トレードは難易度が高いので避けるべき!?

ＦＸでは、数秒や数分の値動きを捉える「**スキャルピング**」、1日の間で取引をする「**デイトレード（デイトレ）**」、数日〜数週間にわたり取引する「**スイングトレード**」、さらに長期となる「**中長期トレード**」など、時間軸の異なるトレード手法がいくつかあります。

皆さんはこの中から、自分に合うトレードスタイルを決めていくことになるわけですが、その際は**チャートを見る時間を1日にどれだけとれるか**を基準にするといいと思います。

仕事が忙しくて1日に一度しか見ることができないなら、スイングトレードや中長期取引という長めのトレードスタイルが向くでしょう。仕事から帰宅後にじっくり相場に向き合えるなら、チャートに張り付いてトレードを行うスキャルピングやデイトレが向くかもしれません。

ただし、ＦＸでは**トレード期間が短くなればなるほど、瞬時に正確な判断が求められるため、継続して勝つことは難しい**と考えています。スキャルピングで勝つのは容易いことではありません。

詳しくは3章以降で紹介しますが、スキャルピングなど短期トレードで結果が出ない人は、デイトレードやスイングトレードなど時間軸を伸ばしたトレードに切り替えることをお勧めします。

FXの基礎知識⑧

現在が「トレンド相場」なのか「レンジ相場」なのかを把握する

さて、この章の冒頭で私は「**相場環境」を把握することが、FXで勝つために最も必要なことである**と言いました。

これは私の投資スタイルの根幹を成すものであり、相場環境を把握せずに勝ち続けることは難しいと言わざるを得ません。

相場環境を把握する最初のステップが、先に紹介した「通貨の強弱」の把握であり、トレードする通貨ペアを決めることだと述べました。

そして次のステップとして私が実践しているのが、現在の相場が「**トレンド相場」なのか、「レンジ相場」なのか**を把握することです。

前者は価格が大きく動くのに対して、後者はあまり動かないという特徴があります。今がどちらの相場であるかを確認し、それぞれの相場に合った方法で稼ぐ、もしくはどちらかに特化して稼ぐという戦略を立てていきます。まずは2つの相場について簡単に説明します。

まず「トレンド相場」とは、**高値もしくは安値を断続的に超える相場のことで、チャートも上昇・下落を綺麗に描くのが特徴です**（図4）。

流れにうまく乗ると、利益を大きく取りやすいのが魅力で、私も得意とする局面です。

専門的に言うと、「ブル派（買い方）」

図4 上昇・下落の流れが強く出る「トレンド相場」

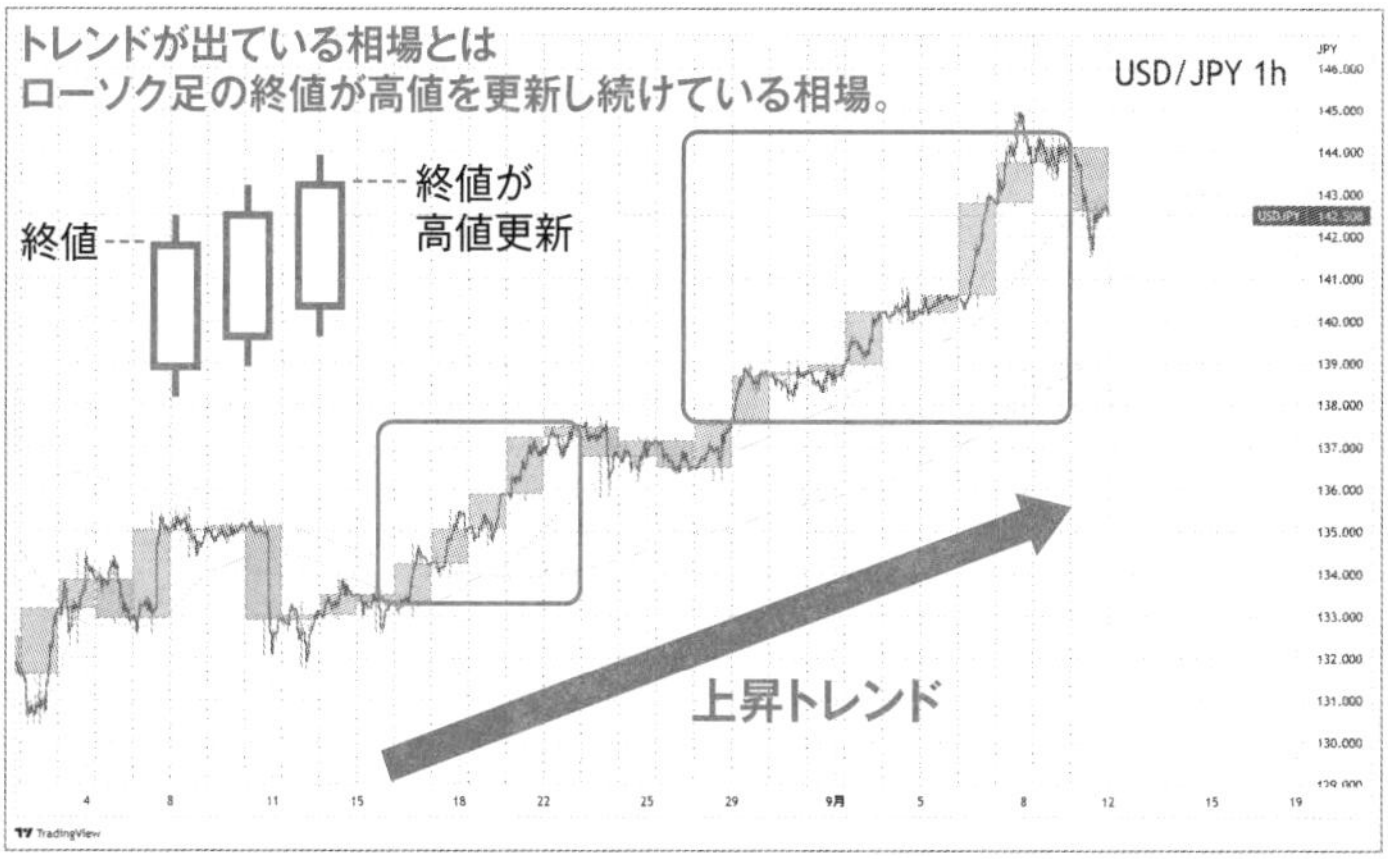

と「ベア派（売り方）」の攻防がすでに終わっており、利食い（利益確定）や損切り（損失の確定）といった注文が出やすく、ポジション（まだ決済していない注文）の解消が起こりやすい場面ともいえます。

このあたりの話は、改めて3章で詳しく解説します。

他方、レンジ相場は**直近の高値・安値を超えない相場のことで、チャートは一定の値幅で価格が上下しています。**その形から「**ボックス相場**」とも呼ばれ、ここではブル派とベア派の攻防は決着がついていません（図5）。

レンジ相場の安値圏では、上昇を見越した買い注文が、高値圏では反落を見越した売り注文など、新規の注文が入りやすい状況であり、トレーダーの**ポジションが積み上がりやすい場面**でもあります。

皆さんは「トレンド」と「レンジ」、どちらの相場の方が稼ぎやすい、または大きく稼ぐことができると思うでしょうか。

一般的には、**逆張り**（相場の反転を狙って利益を狙う）**が好きな人はレンジ相場が、順張り**（相場の流れに乗って利益を狙う）**が好きな人はトレンド相場が向いている**といわれます。

私は上昇・下落の方向が明確に出た後に、その流れに素直に乗れば稼ぐことができる**トレンド相場を得意としてい**ます。そのやり方は3章で詳しく紹介します。

レンジとトレンドの優劣はありませんが、私の選択が損小利大を目指したものであることを順次説明していきます。

図5 価格が反転するタイミングを狙う「レンジ相場」

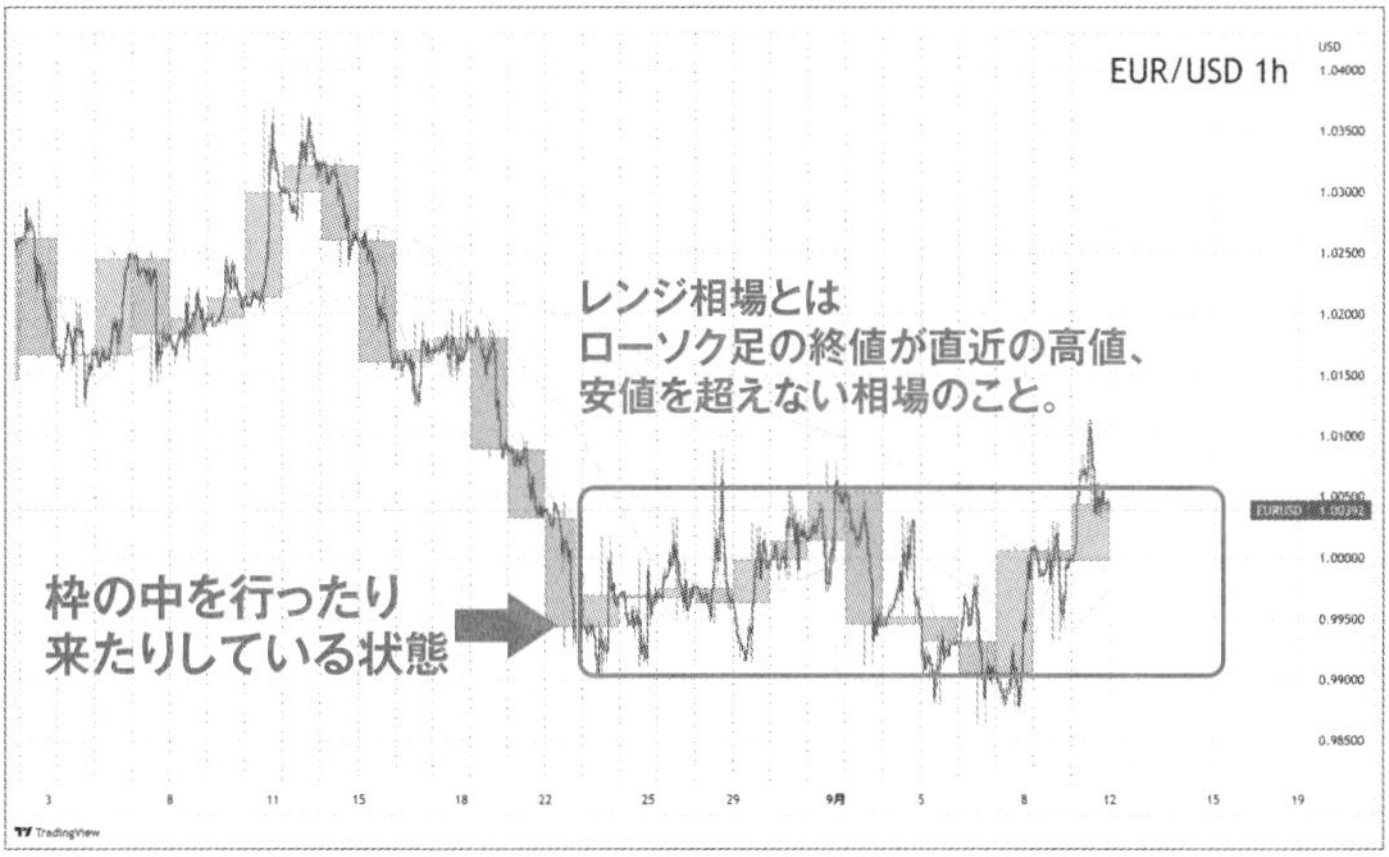
EUR/USD 1h
レンジ相場とは
ローソク足の終値が直近の高値、
安値を超えない相場のこと。
枠の中を行ったり来たりしている状態
TradingView

FXの基礎知識⑨

異なる時間軸の「ローソク足」で相場環境を把握する

現在の相場がレンジかトレンドかを、まずは確認すると言いました。と同時に私が行っているのが、**「ローソク足」で相場の流れを把握する**ことです。

ローソク足とは、一定期間の相場の4本値(始値、高値、安値、終値)を使って、1本の足を生成したものです。形がローソクに似ていることからそう呼ばれています(図6)。

このローソク足を並べて表示することで、相場の流れがひと目でわかります。

同じローソク足でも、始値より終値が高いものは「**陽線**」、反対に始値より終値が低いものを「**陰線**」と呼び、区別しやすいように異なる色で表示されるのが一般的です。

江戸時代の日本で生まれ、今では世界中で使われています。

ローソク足には、「**日足**」や「**1時間足**」、「**5分足**」など、時間の長さによる違いがあります。

私の場合は、**まず最初に「日足」を確認します。**日足とは、1本のローソク足で1日の値動きを表したものです。

その日の相場は上昇の流れだったのか、下落の流れだったのか、現在は高値圏にあるのか、安値圏にあるのかなど、大きな流れを日足で確認します。

図6 チャート分析の基本中の基本「ローソク足」

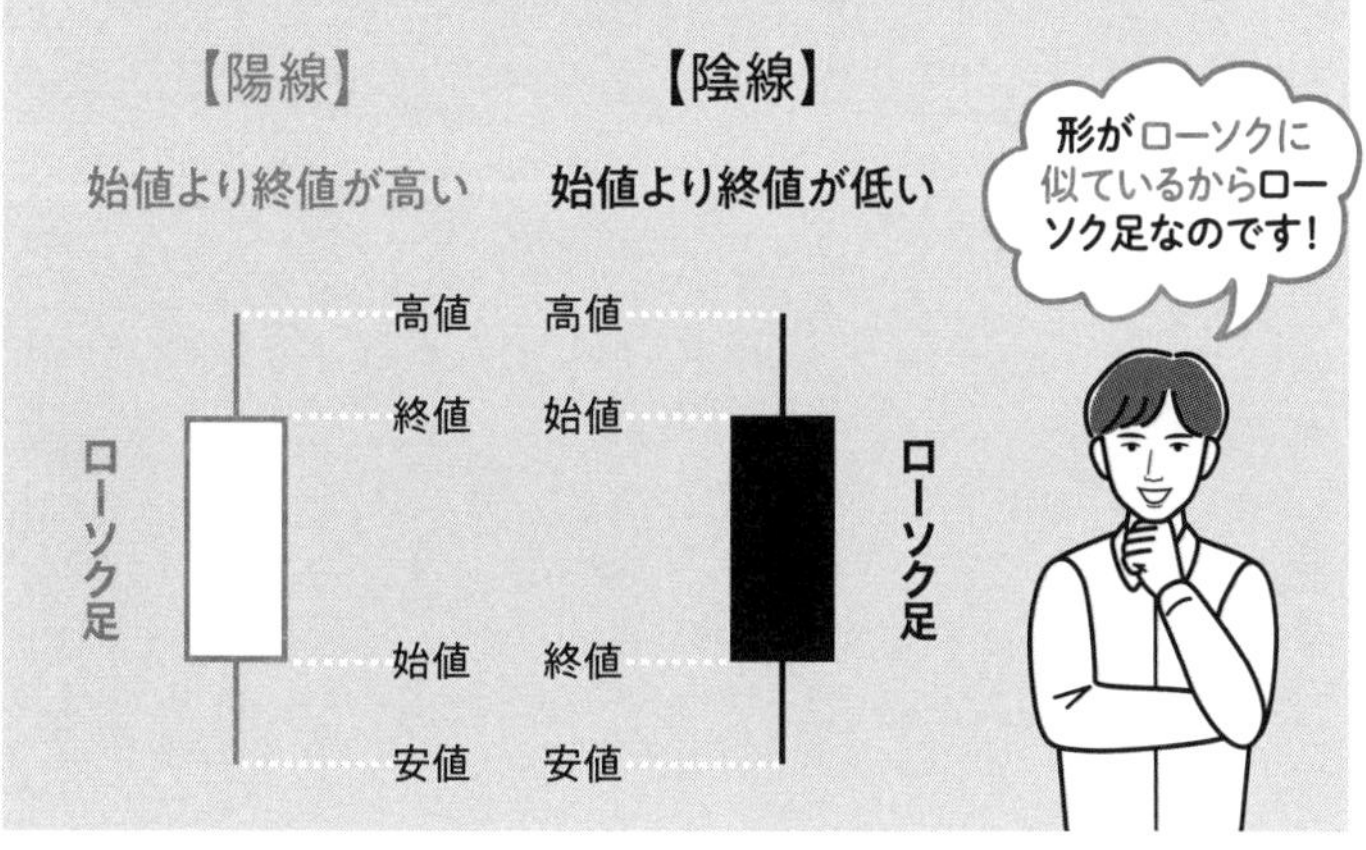
【陽線】
始値より終値が高い
【陰線】
始値より終値が低い
形がローソクに似ているからローソク足なのです！
高値
終値
始値
安値
高値
始値
終値
安値
ローソク足
ローソク足

その上で時間軸の短いローソク足を順に見ていき、トレードに入るポイントを探っていくのです。

よくスキャルピングなど短期トレードを行う人は、短い足である「5分足」しか見ずにトレードに入り、「**上がると予想したがすぐに下がってしまった。なぜ?**」という具合に、目先の動きに翻弄されて損をしがちです。

私はそうした**〝ドタバタ〟したトレードを避けるため、日足など長い足から順番に見ていく**ことで、相場全体の方向感や位置を確認します。

そして例えば、「今日は下落の流れが強いから、一時的な上昇には乗らずに様子を見よう」と俯瞰した目で戦略を立て、判断の精度を上げるようにしています。

事例を使いながら、ローソク足の見方を紹介しましょう。図7はユーロドルの2022年9月8日から9日にかけての「5分足」チャートです。

22時を過ぎると**直近の安値を割っているので「売り」で入りたくなります**が、その後すぐに価格は反転上昇。仮に9日の午前3時まで持ち続けていたら、損をしていたことになります。

次にユーロドルの「**1時間足**」を見ましょう(次ページ図8)。

図の中のマルで囲んだ部分が、先ほどの5分足の値動きを含んでおり、大きな下落ではありますが、**直前の流れは直近の高値を抜いている「上昇の流れ」**だったことがわかります。

つまり、**5分足チャートでは「売り」のサインと見て取れたものが、1時間足チャートでは、上昇の流れの中にある「押**

図7「5分足」だと下落の方向に進んだように見えるが…

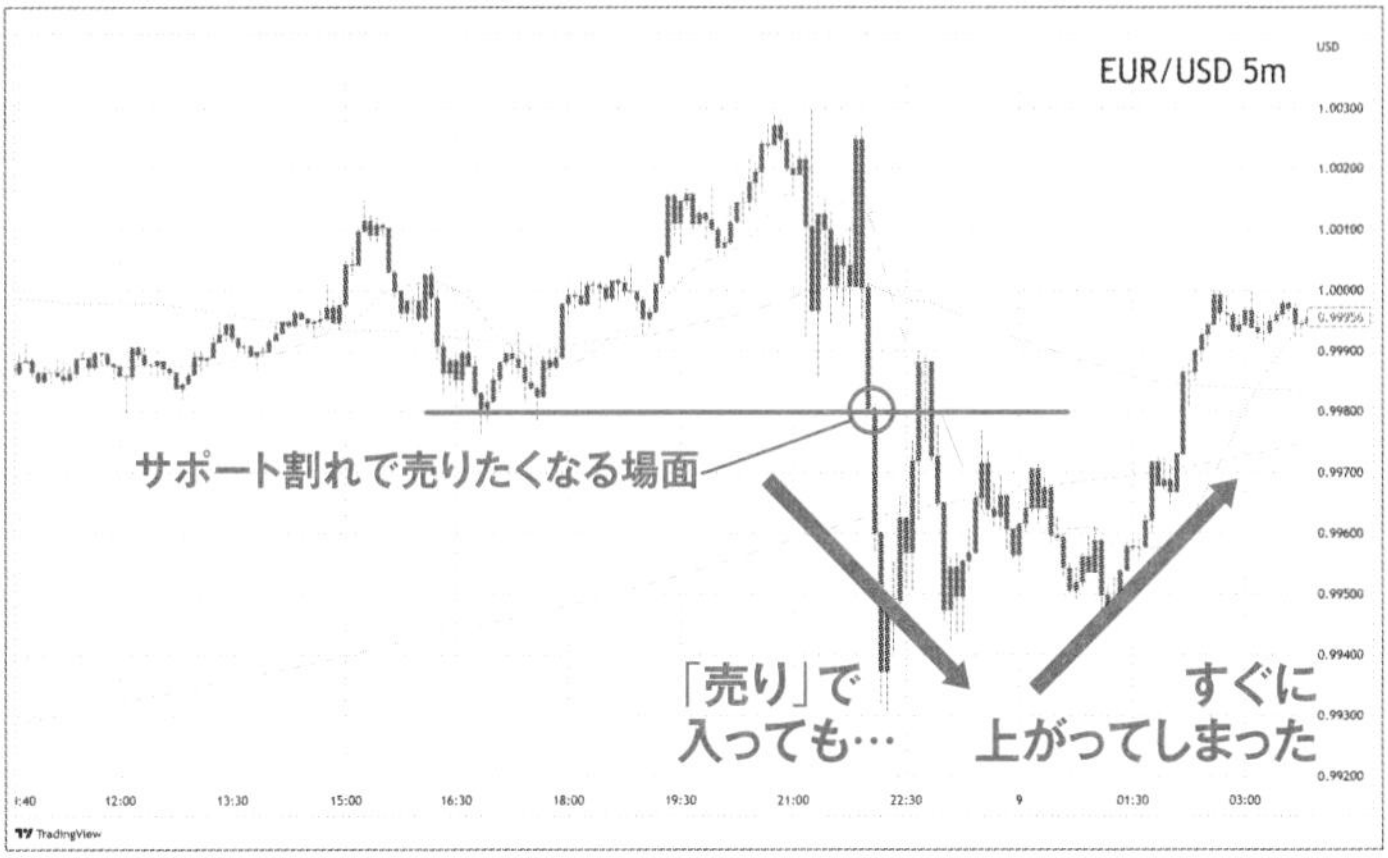
EUR/USD 5m
サポート割れで売りたくなる場面
「売り」で入っても…
すぐに上がってしまった

し目のポイント」にしかすぎなかったのです。

なぜ、こんな不可解な値動きが起きたのでしょうか。それは「日足チャート」を見ると一目瞭然です（図9）。

マルで囲んでいますが、取引に入ったのは日足で見た「**レンジ相場」のど真ん中**です。こうした真ん中の局面は、売りと買いのどちらに動くか方向性が見えにくく、流れも出にくいタイミングです。

よって、日足を事前にチェックしていれば、現在はどっちつかずの判断が難しい相場であることがわかったので、**もっ**

図8「1時間足」で見ると、上昇の流れにあることがわかる

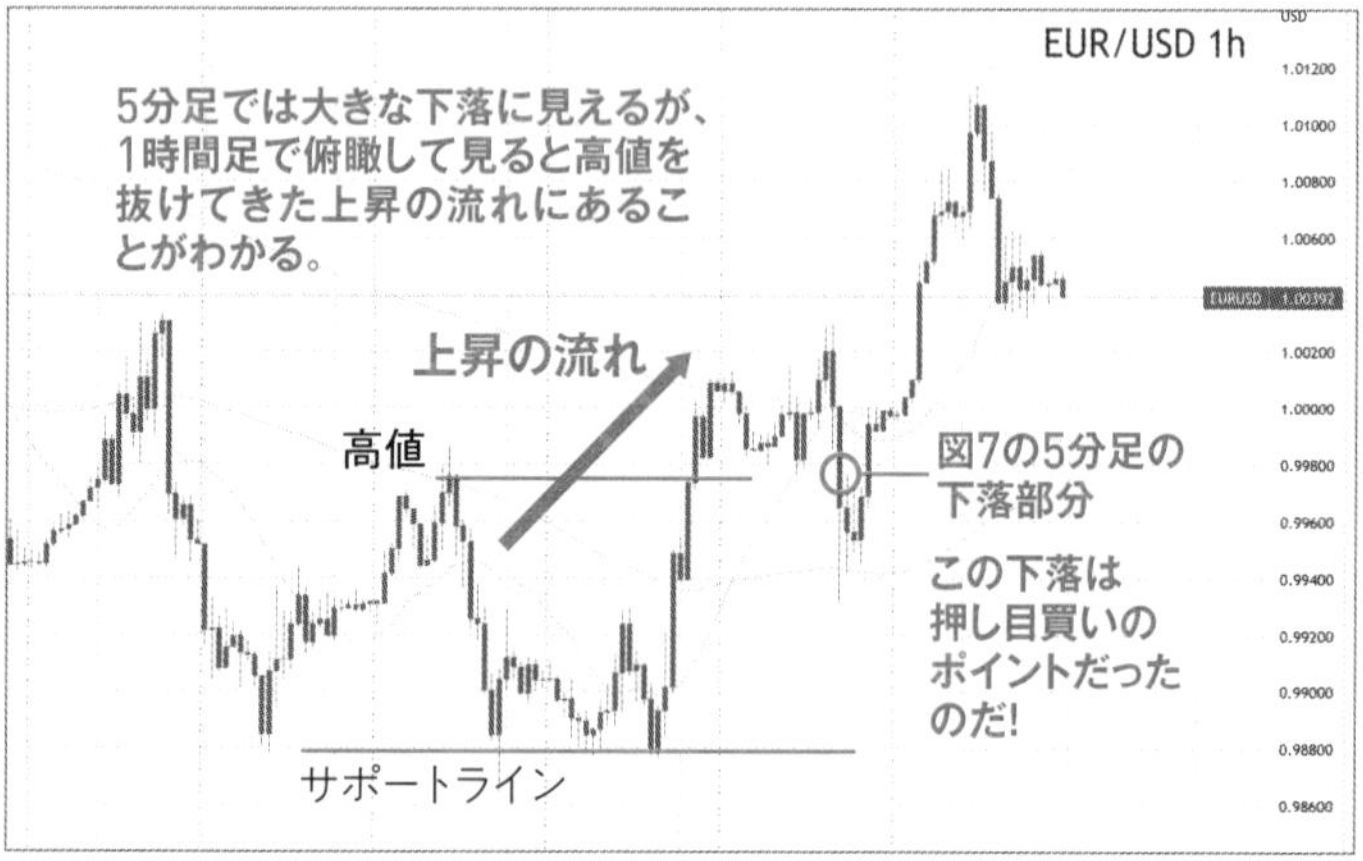
EUR/USD 1h
5分足では大きな下落に見えるが、1時間足で俯瞰して見ると高値を抜けてきた上昇の流れにあることがわかる。
上昇の流れ
高値
図7の5分足の下落部分
この下落は押し目買いのポイントだったのだ!
サポートライン

と様子を見ることができたはずです。

しかし、**5分足や1時間足しか見ていないと相場の大きな流れがわからず、本来ならしなくてもいい取引をしてしまいます。**そして多くの場合、そのトレードはうまくいかないでしょう。

こうした失敗を避け、相場環境を正しく把握するためにも、日足、1時間足、5分足といった異なる時間足のチャートを順次活用することは、目先の動きに翻弄されることを防ぐために必要な基本中の基本のことなのです。

図9 さらに「日足」で見ると、方向感のない難しい相場だった

EUR/USD 1D
「売ろう」と考えた場所は、日足で見るとレンジ相場のど真ん中だった。真ん中の位置は、上がるか下がるか、次の流れを読みにくく、トレードを避けたい位置。
図7の5分足の下落部分
USD
1.06500
1.06000
1.05500
1.05000
1.04500
1.04000
1.03500
1.03000
1.02500
1.02000
1.01500
1.01000
EURUSD 1.00442
1.00000
0.99500
0.99000
0.98500
0.98000

FXの基礎知識⑩

ローソク足を「重ねて」、判断の精度を大きく上げる！

異なる時間軸のローソク足を順番にチェックすることが、「相場環境」を把握するために必要であると述べましたが、**複数のチャートをその都度切り替えて見比べるのは手間がかかり、面倒**です。

そこで便利なのが、「1時間足チャート」に「日足チャート」を重ねるなど、上位のローソク足(日足)を下位(1時間足)のローソク足に重ねて同時に見る「**重ね足**」です。

先ほど紹介した「**TradingView**」**ではお馴染みのインジケーター**で、チャートを表示させた後に、「HTF Candles byProsum Solution」と検索すると「重ね足」を表示することができます(図10)。

図10「重ね足」の表示の仕方

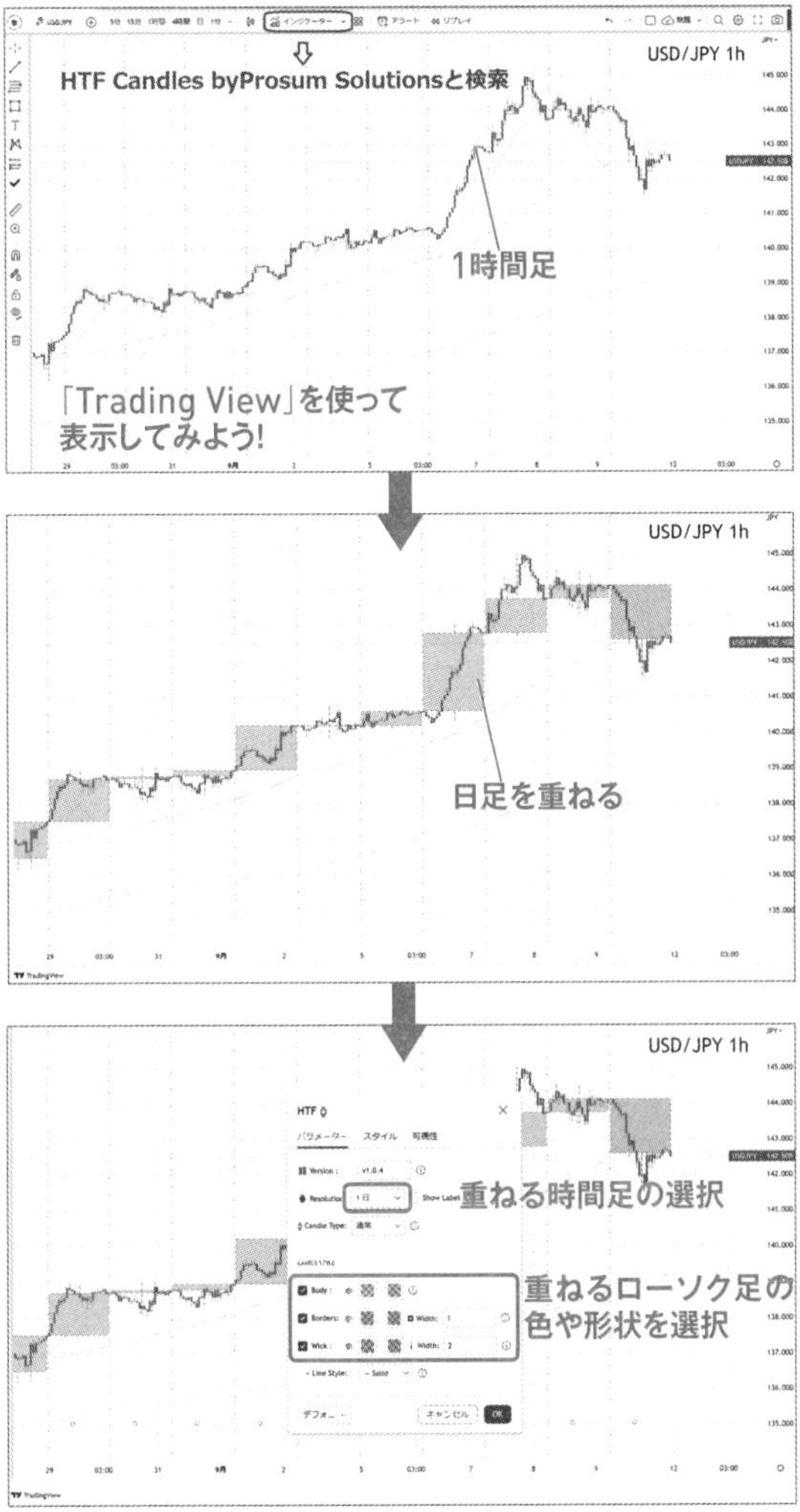

その際は、重ねるローソク足の時間軸や色、形状を選択することもできます。

1時間足チャートに日足チャートを重ねた場合、**1本の日足の中には24本の1時間足が入ります。**

日足の中の1時間足を見ることで、**1時間ごとにどういう動きをして、最終的に陽線（陰線）になったのか**その経緯がわかるため、1日の為替の動きを大局的につかむことができます。

「大きな流れ」と「小さな値動き」を同時に見られるので、相場環境を把握するのに非常に便利だと思います。ここは重要なポイントなので、4章の125ページで再度解説したいと思います。

私自身は、「重ね足」を使って相場環境を把握し、実際にエントリーするまでに、次のようなプロセスを踏んでいます。

- 現在はトレンド相場・レンジ相場のどちらなのかを確認
- トレンドやレンジの強さ、弱さを確認
- 現在地を確認(高値圏か、安値圏か?)
- 「目線」を確認(今は買うべき流れか、売るべき流れか?)
- リスクを確認
- 目標までの波のイメージを確認
- 短期トレーダーの状況を確認(短期足のチェック)
- エントリーポイントの確認

相場環境が把握できると、今は買うべき状況なのか、それとも売るべきなのか、何がどう変わったら相場の流れが変化するのか、など相場を俯瞰して見ることができるため、トレードの精度は上がっていくでしょう。

何よりも闇雲に、当てずっぽうにトレードすることが減るので、「はじめに」で私が重視していると述べた「損益率」が上がり、利益も増えていくでしょう。

ぜひ、参考にしていただければと思います。

続く3章では、2章でも触れた「トレンド相場」と「レンジ相場」での稼ぎ方について、より詳しく紹介していきます。

私がなぜ、レンジではなく、トレンド相場で稼ぐことを選び、そこで結果を出すことができているのかを述べていきたいと思います。

【稼げるコラム】1

東京市場の高値・安値はロンドン市場で抜ける

ＦＸは平日24時間取引できるのが大きな特徴です。

株式投資の取引は平日の日中に限られますから、仕事が忙しい人にとってすき間時間で始められるＦＸは、とても取り組みやすい投資だと思います。

そんなＦＸの舞台となる外国為替市場は、時間帯によって大きく「東京市場」「ロンドン市場」「ニューヨーク市場」の3つに分かれると述べましたが、**3つの市場の値動きの傾向を意識してトレードする**のも、有効な戦略と言えます。

例えば、朝6時から午後3時頃までの東京市場でできた「高値」と「安値」は、ロンドン市場に入ると上下に抜けることが少なくなく、これを見越してエントリーするという戦略をとることができます。

図はドル円の1時間足チャート（重ね足は日足）ですが、東京市場でつけた高値を、ロンドン市場に入ってから超えていることがわかります。

この場合、東京時間は取引を控えて高値・安値ができるのを待ち、ロンドン市場に移行してから取引に入った方が確実性は増すと言えるでしょう。

ではなぜ、東京市場でつけた高値・安値を、ロンドン市場は超えてくるのでしょうか。

もちろん、つねにそうなるわけではありませんが、そこには投資家の「数」

東京時間につけた「高値」をロンドン時間で抜く

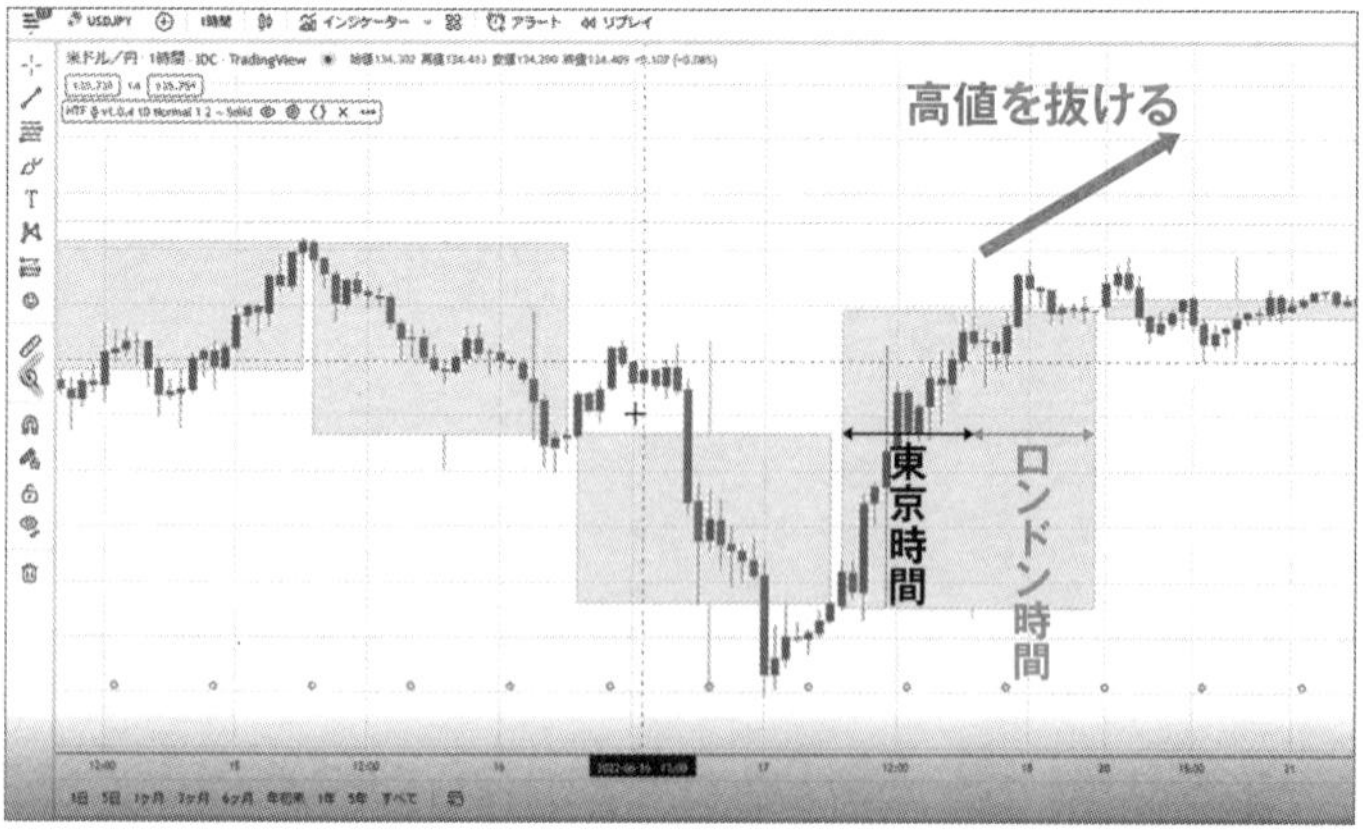

が関係していると見ています。

そもそも東京市場は圧倒的な資金量を運用する欧米の投資家にとっては夜中の時間帯です。

欧米の投資家たちは東京市場の間は休んでおり、ロンドン市場が開いた後ぐらいからようやく参加してきます。

そのため**東京市場に比べて、値動きが一気に活発になる**のです。

さらに、ロンドン市場とニューヨーク市場が重なる夜9時から深夜1時頃は、1日の中で最も取引量が増え、重要な経済指標の発表も相次ぐことから値動きも活発になり、上昇や下落の方向感も出やすくなります。

この時間帯にトレードする日本人も多いでしょう。

私自身も東京時間はスルーして、欧州時間からトレードを始めます。

昼間は仕事がある人でも、夕方から夜にかけてトレードチャンスは大いにあるので、帰宅中や帰宅後にじっくりトレードすることができます。

ただし、ＦＸのメリットでもある24時間トレードができることは、裏を返すといつまでも終わらない、やめられないことにもつながりますので、くれぐれも夜更かしにはご注意ください。

FX

Make Money Smart with FX Trading

第3章

「トレンド相場」と「レンジ相場」どちらが稼げるか？

Chapter03

あなたはどちらの相場で稼ぎますか？

さて、2章で相場には、価格があまり動かない「レンジ相場」と、価格が大きく動く「トレンド相場」の2つがあると言いました。

投資をする上では、現在がどちらの相場であるかを知り、相場に合うトレード戦略を立てる必要があります。

なぜなら、**相場ごとに採るべきトレード戦略は大きく異なる**からです。

前章でも解説しましたが、レンジ相場とは、一定の値幅で価格が推移する相場のことで、トレンド相場は高値もしくは安値を断続的に抜けていく相場のことです。

為替チャートを見た時に、一定の安値・高値を行き来しながら動いていたらレンジ相場、右肩上がり・右肩下がりに動いていたらトレンド相場であると、簡単に判断することができます。

私の実感では、**全体の7割をレンジ相場が占め、残りの3割がトレンド相場**になります。

実際、レンジ相場は割合長く続くことが多く、そこから上昇、下落のどちらかのトレンド相場に移行。一方、トレンド相場はあまり長く続かず、割合早くレンジ相場に戻っていくことが多いように思います。

為替相場は**この2つの相場を繰り返している**のです。

2つの相場は値動きのリズムがまるで違うため、当然、その値動きをとらえて**稼ぐやり方も異なります**。

トレンド相場では、ひとたび大きな上昇や下落のトレンドが出たら、その波に乗ることで利益を狙い、レンジ相場では一定の値幅の間を行き来する動きをとらえて、そのレンジの上限・下限に来た際にエントリーして利益を狙います。

エントリーするポイントも、利益確定や損切りなどエグジットするポイントもそれぞれ異なる2つの相場の稼ぎ方を以下にまとめました。**両者の違いを理解し、自分にはどちらが合うかをイメージしながら**読み進めてみてください。

相場の攻略法 1

レンジ相場ではこう稼ぐ！

レンジ相場とは、一定の値幅の間（レンジ）で価格が上下する相場のことです。**値幅の高値と安値を超えることはなく、行ったり来たりを繰り返し**ます。

ではなぜ、高値に届いたら（または届きそうになったら）反転し、安値に届いたら（届きそうになったら）反転するのでしょうか？

それは、**投資家の心理を読み解くと理解する**ことができます。

「抜ける」「抜けない」投資家の心理合戦

レンジ相場では、過去の安値同士を結んだ線を「**サポートライン**（**安値支持線**）」、高値同士結んだ線を「**レジスタンスライン**（**高値抵抗線**）」と呼びます。

チャートのテクニカル分析に則ると、この2つのラインに価格が近づくと、多くの投資家は「**以前もこの価格**（**ライン**）**で反転した**」と考えて、逆張りでトレードに入る習性があります。

その結果、一定の枠内を行ったり来たりするレンジ相場が形成され、継続されるというわけです。

一方、前述の「サポートライン」と「レジスタンスライン」に価格が近づくと、「**今回はレンジの安値・高値を抜けて、新たにトレンド相場に転換するのではないか**」と考える投資家もいます。

その結果、高値・安値付近では「**売りと買いの攻防**」が起きるわけです（図11）。

図11「売る人」と「買う人」のせめぎ合いが起きる

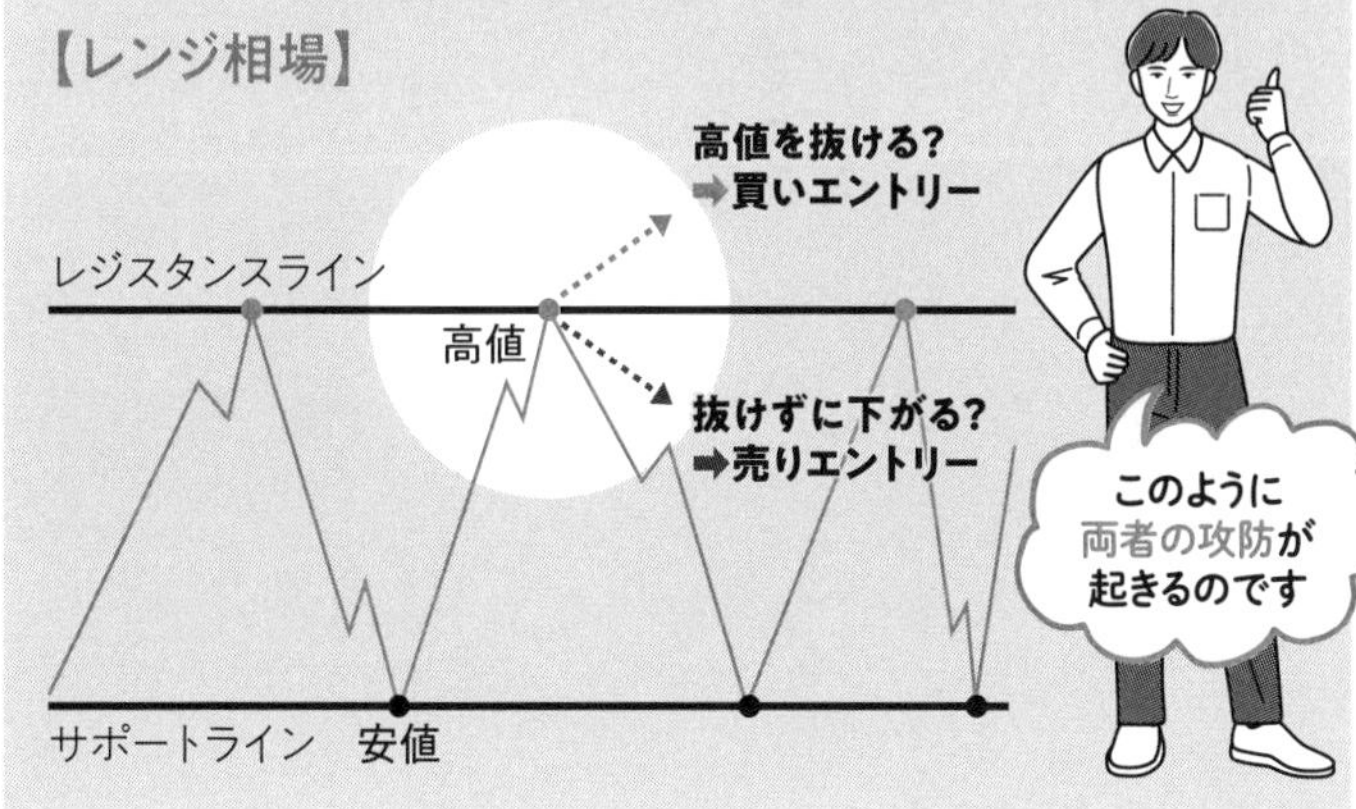
【レンジ相場】
高値を抜ける?
➡買いエントリー
レジスタンスライン
高値
抜けずに下がる?
➡売りエントリー
このように
両者の攻防が
起きるのです
サポートライン
安値

「ラインで反転する」と「ラインを抜ける」とそれぞれ予測した両者が行動した結果、**価格が反転した時は、レンジが続くと読んだ側が優勢だった**ことを意味します。

「今は高値（安値）を抜けない」→**「だから逆張りで稼ぎたい」**と考え、行動するトレーダーが多かったため、レンジの高値（安値）付近で反転し、レンジ相場が継続したというわけです。

「レンジ相場」では高値・安値で取引する

こうしたレンジ相場における投資家心理がわかれば、稼ぐためのセオリーはある程度決まってきます。

レンジの安値付近では価格の反転上昇を狙った「買い注文」が、反対に高値付近では反落を狙った「売り注文」が入りやすいため、それに合わせてエントリーするのが基本戦略になるでしょう。

その後は、仮に**安値で「買い注文」を入れたら高値付近で利益を確定**します。**高値で「売り注文」を入れれば、安値付近で利益確定**します。

もしも予測と異なり、高値でエントリーした後に下落せず、高値を超えてしまったらそこで損切りするのも、レンジ相場における守るべきセオリーです。

このように、安値・高値付近でトレードに入るのは、私が重視している「**損益率」を上げる上でも効果**があります。

例えば図12の右側のように、安値付近で買い注文を入れる場合、リスクはサポートラインまでの値幅です。

つまり、安値を割れば損切りをすればいいので、それを徹底することができれば**損失を少なく抑える**ことができます。

「安値を割ったらすぐ損切りする」ことで損失(リスク)を抑える一方、安値付近でエントリー後、高値付近までの上昇をとる(リターン)ことができれば、**リスク以上**

のリターンを狙うことが可能です。

リスクを限定しながら、より大きなリターンを狙うことができるのです。

気をつけなければならないのは、図13で示したように、レンジの高値でも安値でもなく、**「真ん中」あたりでエントリーするのは、価格が上昇・下落のどちらに動くかわからないため、リスクが大きい**ということ。

リターンの値幅もそれほど期待できないので、リスク以上のリターンを狙うことは難しいと言えるでしょう。

図12 レンジ相場における「利益確定」と「損切り」ポイント

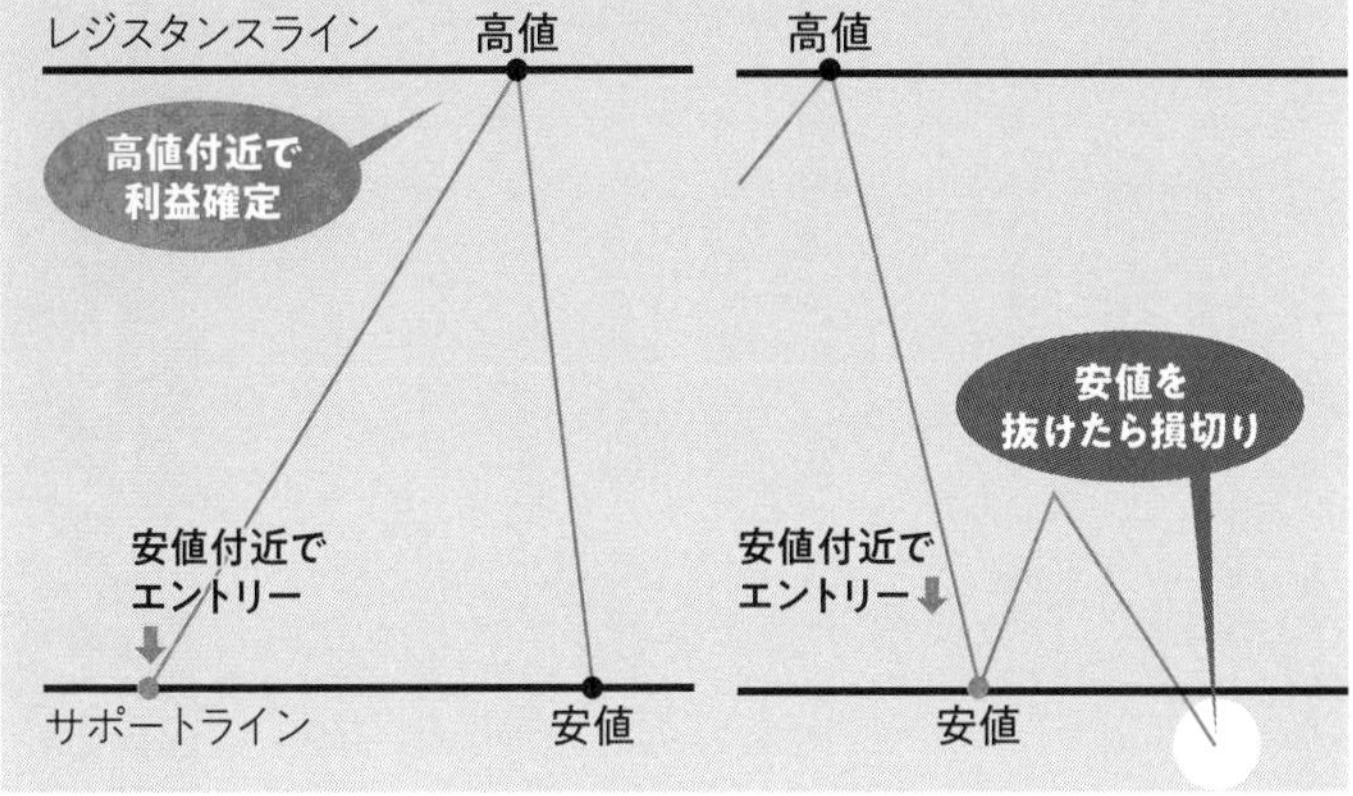

図13 レンジ相場の「真ん中」で入るのは下策

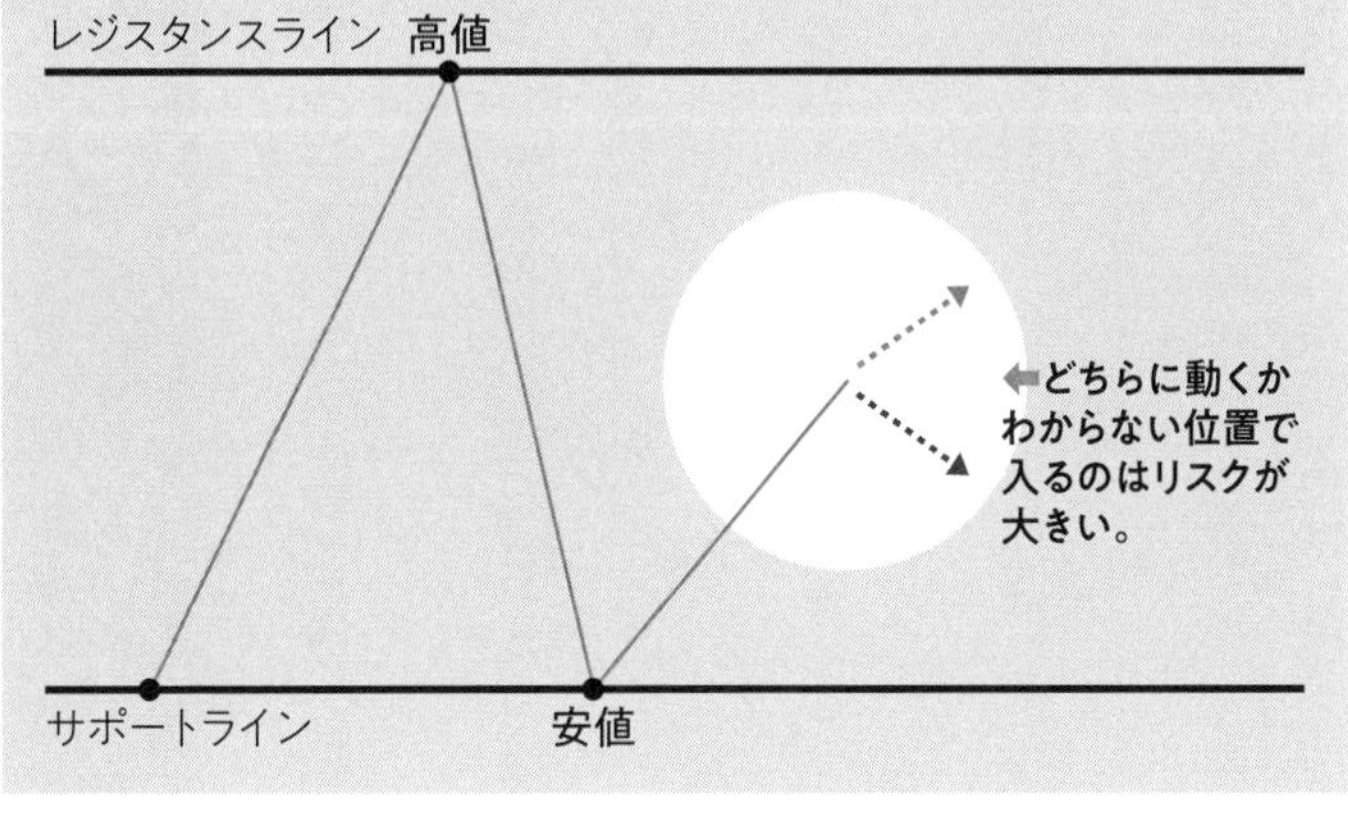

相場の攻略法 2

トレンド相場ではこう稼ぐ！

一方のトレンド相場は、レンジ相場の高値・安値をブレイクし、上昇・下落に転じることで発生します。

攻防を続けていたブル派・ベア派の決着がついたことを意味し、だからこそ相場は力強い上昇・下落を描くのが特徴です。

レンジ相場から転じて、はっきりと上昇・下落の値動きに変わるのにも理由があります。

レンジ相場では、「売り」と「買い」の注文が入ることでポジション（まだ決済していない注文）が積み上がります。

そしてレンジの高値・安値を超えると、多くの投資家は利益確定や損切り注文を出し、ポジションの解消が起きます。**この解消の勢いにより、高値・安値を超えて**

さらに大きな流れが創出されるのです。

この一連の動きを図14をもとに、見てみましょう。

図14では、「**レンジ相場を抜けて上昇する**」と考えた投資家が「買い注文」を入れ、実際に高値を超えるとさらに投資家の買い注文が入り、価格は上昇していくことを示しています(図の中の①)。

一方、高値付近で「**レンジ相場が続く**」と読み、逆張り(売り注文)でエントリーした投資家たちは、予想に反して高値を超えてしまったため含み損が生まれ、このまま放置すると損失が拡大するため、損切りのた

図14 トレンド相場が強い上昇・下落を示すのはこの心理が原因

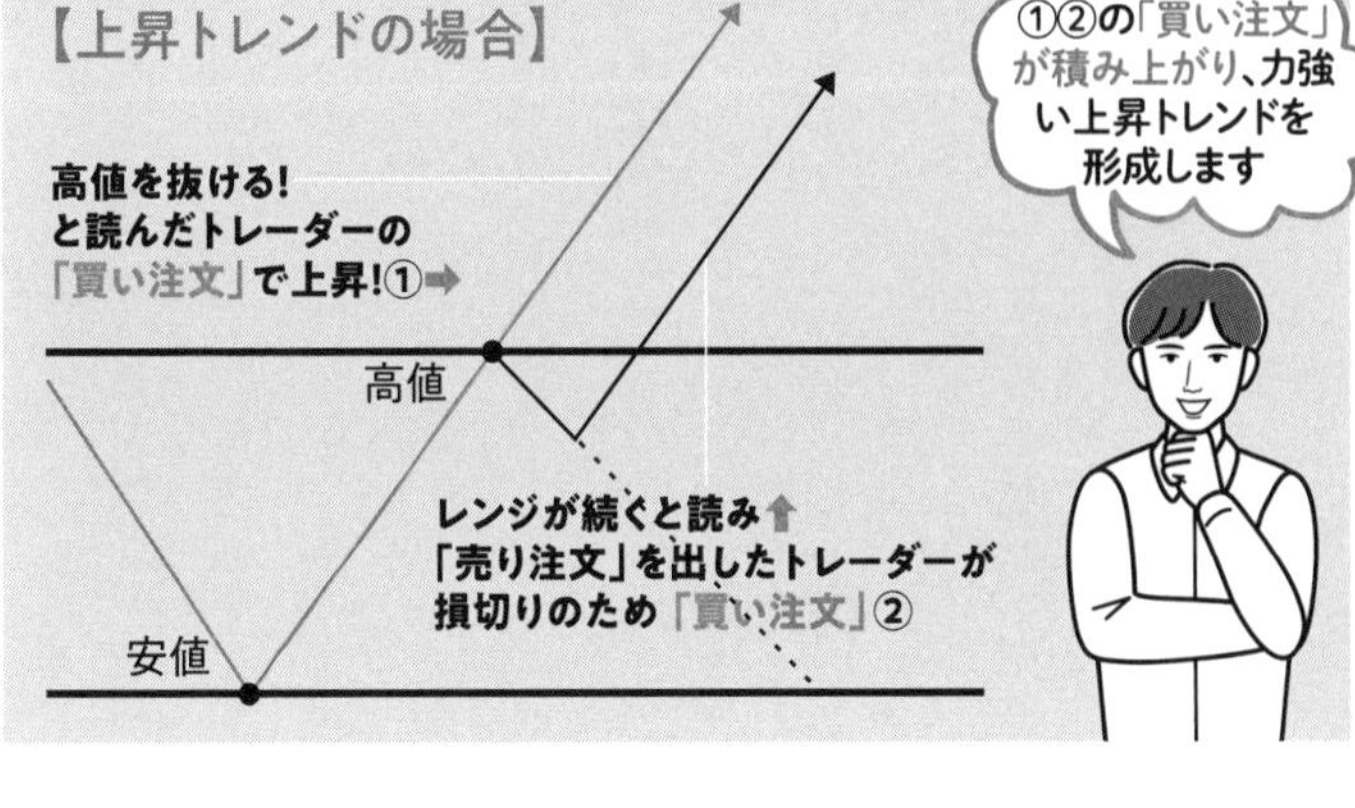
【上昇トレンドの場合】
①②の「買い注文」が積み上がり、力強い上昇トレンドを形成します
高値を抜ける!と読んだトレーダーの「買い注文」で上昇!①
高値
レンジが続くと読み「売り注文」を出したトレーダーが損切りのため「買い注文」②
安値

めの決済注文（買い注文）を入れることを余儀なくされます（図の中の②）。

この注文がさらに価格を押し上げ、**①と②の買い注文が力強い上昇トレンドを形成する**のです。

このように、力強い上昇（下落）のトレンドが創出され、トレンド相場が形成されるわけですが、できることならこの大きな流れに乗って稼ぐのが得策でしょう。誰だって、前述したように**損切りのための買い注文を入れたくない**はずです。

だとすると、レンジが続くと読んで高値付近で逆張りトレードに入るのは、リスクが高く、避けた方が無難であることがわかると思います。

前出の「レンジ相場」の攻略法では、レンジの上限・下限で取引に入るのがセオリーだと述べました。

たしかにレンジ相場に限ればその通りですが、トレンド相場も含めて考えると、こうした**読みが外れた場合のリスクを強く意識する**必要があります。

無用なリスクをとるよりも、レンジ相場の高値・安値を超えたことを確認してからトレードに入る方が、リスクを抑えリターンを最大化するためには望ましく、これこそがトレンド相場におけるセオリーと言っていいでしょう。

レンジを抜けた値動きは大きくなる

以上のことから、私は**レンジ相場よりもトレンド相場でトレードすることが多い**です。リスクを抑えながら、リターンを最大化できるからで、私がめざす損益率の高いトレードを実現することができると考えています。

ただし、気をつけたいのが、レンジ相場の高値・安値を超えてトレンド相場に移行したと思ったのに、**再びレンジ内に価格が戻るという「だまし」のような動き**がしばしば起こることです。

トレンド相場が形成されると思い、エントリーしたのに、**まだレンジ相場が続いていた、**ということがよくあるのです。

ですから、前述したように、レンジ相場の高値・安値を超えたことを確認してからトレードに入る方が無難と言えます。

そして上昇の流れがしっかりできていることが確認できたら、エントリーし、買いで入っている時は**少し価格が下がれば、積極的に押し目買いしていく**のがよいと思います。

さて、次ページの図15のように、レンジ相場からトレンド相場に移った後も、相場は一直線で上がるのではなく、ジグザグ上げ下げしながら上昇していきます。

この場合、「**どこで利益確定をするのか**」の目安を事前に決めておいた方がいいでしょう。

目安としては、もしあなたが1時間足を見てトレードをしているのなら、上位足である日足チャートの直近の高値・安値まで、トレンドの流れは継続しやすいと考えてください。

図15 「利食い」の目標の置き方

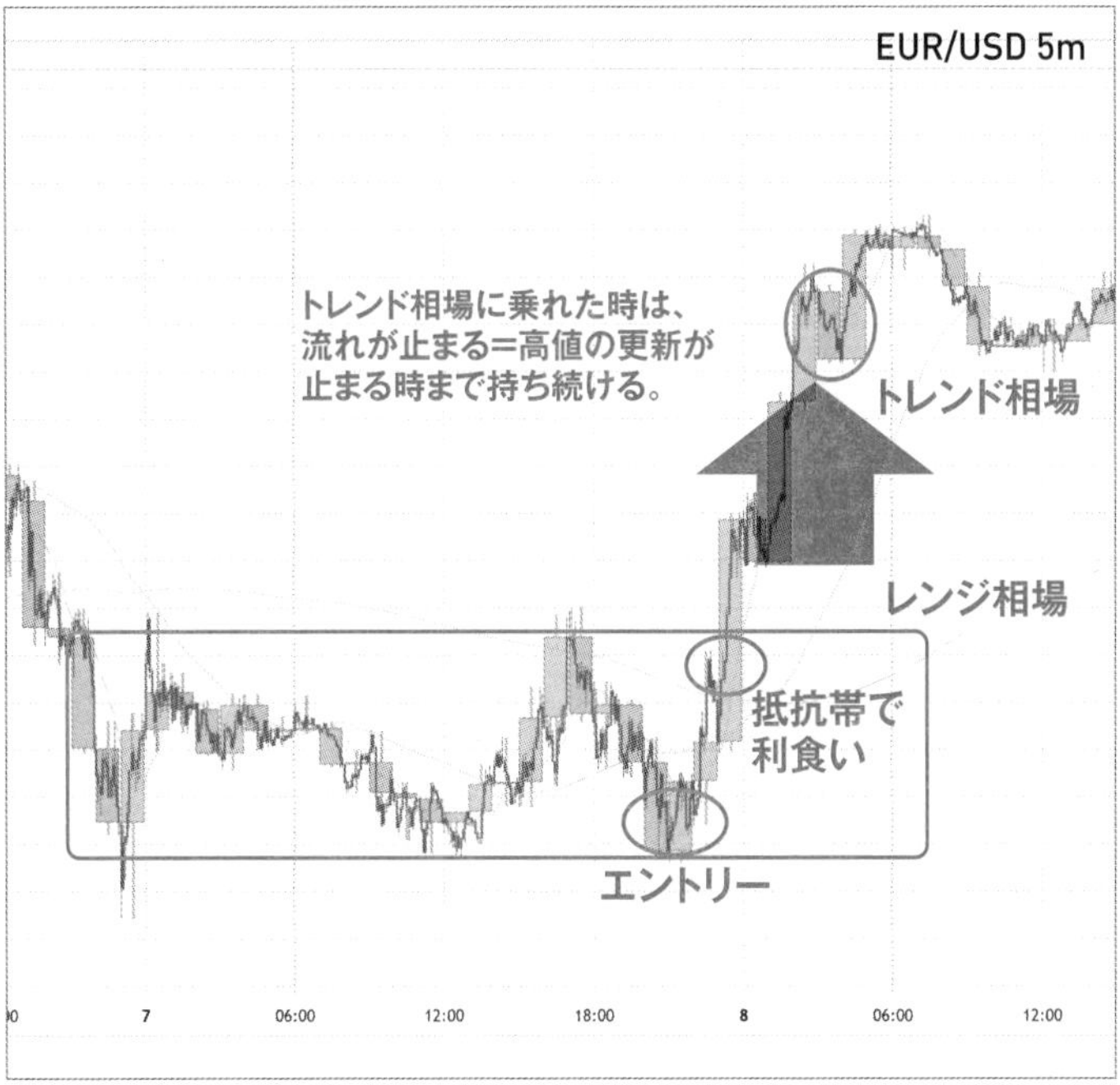
EUR/USD 5m
トレンド相場に乗れた時は、
流れが止まる＝高値の更新が
止まる時まで持ち続ける。
トレンド相場
レンジ相場
抵抗帯で
利食い
エントリー
7
06:00
12:00
18:00
8
06:00
12:00

そのため、私は利益確定の目標を、**次の抵抗帯（上位足チャートの高値・安値同士を結んだライン）に置く**ことが多いです。

また、高値・安値を次々に更新している相場は、強いトレンドが出やすいため、トレードに使っているローソク足で陰線が出るまでポジションを持ち続けるようにもしています。

なるべく値幅（利益）を大きくとっていくことを意識しています。

ローソク足を重ねて流れを読む

ではこれまでの話を、実際の相場で再現しながら見ていきましょう。

図16は2022年8月におけるドル円のチャートです。

ローソク足は「重ね足」にしていて、日足のローソク足の中に1時間足を表示させています。

トレンドとレンジを繰り返す、よくある相場ですが、レンジの上げ下げを狙ってトレードしていくのがいいか、それともレンジからトレンドに移るところを狙っていくのがいいでしょうか?

この相場は、8月下旬はレンジ相場で推移しています(次ページ図17)。

直近(チャートの右端)はレンジの高値圏ですから、**反落を狙った売り取引**を検討しても問題ありません。

あるいは、**高値圏を上に抜けたら買い注文を入れる**チャンスです。

相場のその後を示したのが、111ページの図18です。

なんと、**高値を抜けて大きな上昇ト**

図16 「日足」の中に「1時間足」を重ねたドル・円チャート

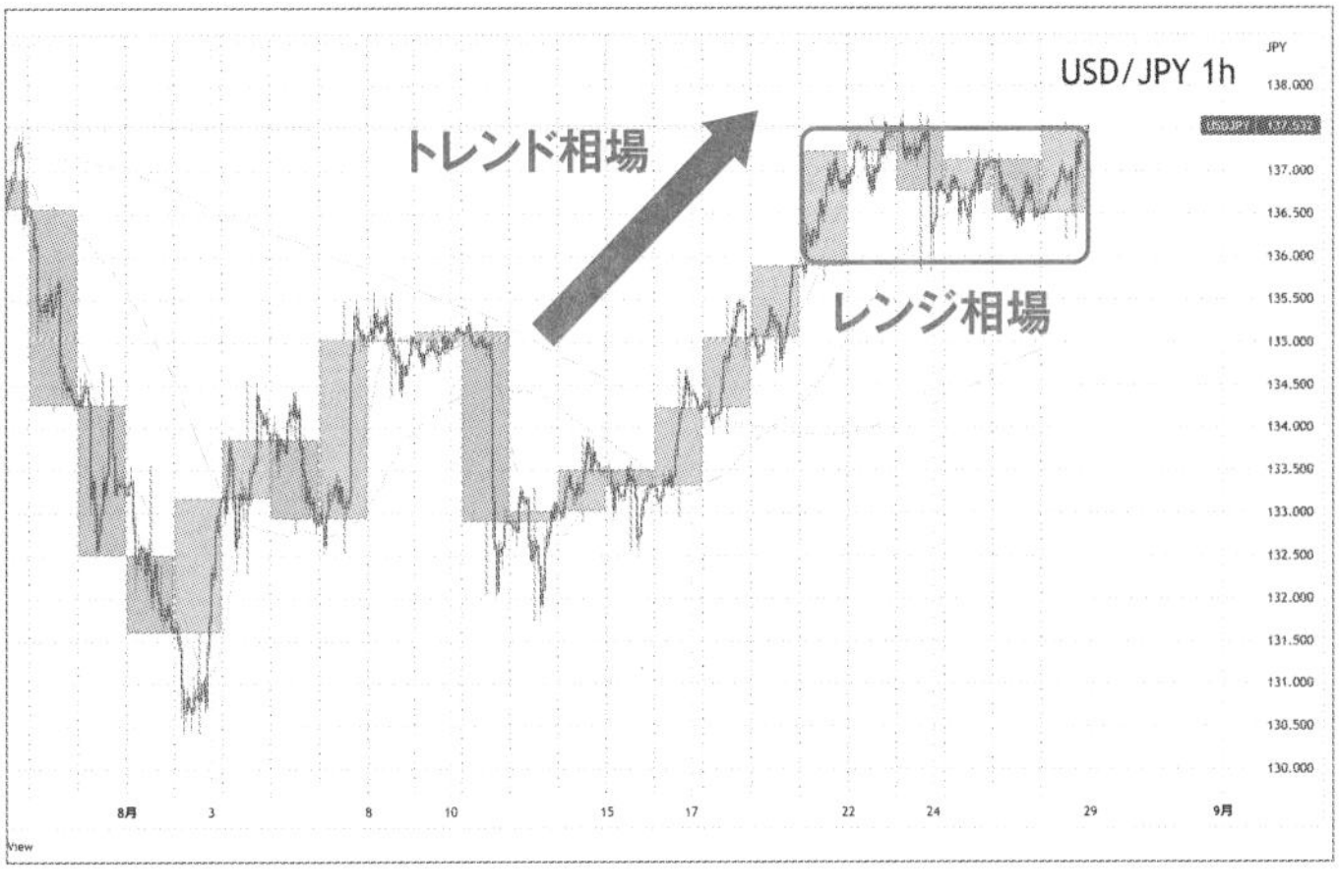

レンドが始まっていました。

セオリーに従えば、レンジを抜けてトレンドに移行すると、相場は大きく動き出します。流れに乗るだけで、稼ぐことができるでしょう。

もちろん、先ほどの時点で高値を抜けるのか、それともレンジの中に戻るのかを当てることは簡単ではありません。

ただ、**どちらに転んでも、損失を抑え、利益を大きく狙う備えをすることが大切**です。

ではレンジの高値圏で、どのような

図17 高値圏にあるレンジ相場。「買い」「売り」どちらで入る？

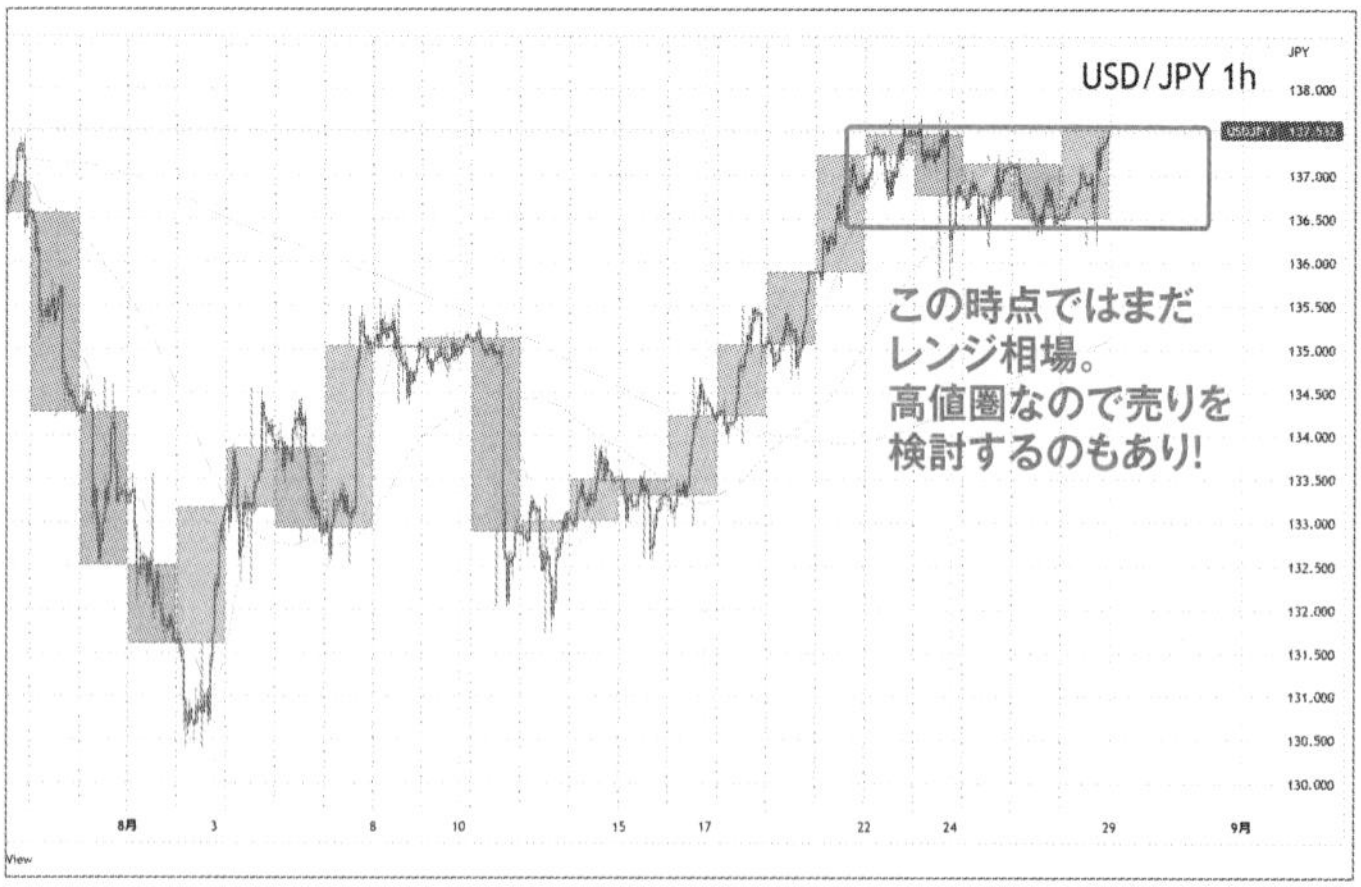
USD/JPY 1h
この時点ではまだ
レンジ相場。
高値圏なので売りを
検討するのもあり!
JPY
138.000
137.000
136.500
136.000
135.500
135.000
134.500
134.000
133.500
133.000
132.500
132.000
131.500
131.000
130.500
130.000
8月
3
8
10
15
17
22
24
29
9月

図18 レンジで細かく勝つより、
トレンドで大きく取りたい!

投資態度をとることが「損小利大」につながるのか。以下にまとめました。

「利大」を狙う（できるだけ大きく勝つ）

●レンジの高値圏で、高値を抜けるか、反落するか、まだわからない場合

⬇上昇トレンドに移行したことを確認した上で、「買い注文」を入れる

「損小」を狙う（できるだけ小さく負ける）

●レンジの高値圏で、反落すると読んで、「売り注文」を出していた場合

⬇高値を超えたことを確認して損切りを実行、上昇トレンドに乗ることを検討する

こうした姿勢でトレードに臨めば、予測が外れた時も損失を最小限に抑えることができるでしょう。上昇トレンドがはっきり出てから、買い注文を入れても十分稼ぐことは可能です。

ただし、**トレンドが出る前の時点で、今後トレンド相場に移ることをある程度予測する**ことができます。

この事例の場合も、1時間足だけを見ていると、高値をブレイクするか否かを見抜くことは難しいのですが、図18の日足の部分を見ると、レンジ相場が終わる直前に、**下ヒゲの陽線を描いており、これがトレンド相場に移行するサイン**であることがわかります。

じつは、このローソク足の「ヒゲ」は、相場の転換を見抜く上で大きなヒントになります。

次の4章では、ローソク足のヒゲの意味や動きの特徴、どのように相場の転換を見抜くのかについて、詳しく紹介していきます。

【稼げるコラム】2

レバレッジはほどほどに！　損切りを徹底しよう

預けた証拠金の最大25倍の通貨を売買できる「レバレッジ取引」は、ＦＸ最大の特徴であり、限られた資金で相場に臨む個人投資家の強い味方と言えます。一方、レバレッジを利かせる取引は投機的な側面もありますから、慎重に取り扱うべきでしょう。

レバレッジ取引による損失を拡大させないためにも、「**損切り**」を徹底しなければなりません。

ＦＸにのめり込んだ挙句、「ここで一発逆転！　大きく儲けよう」などと考えると、レバレッジを利かせられるだけ利かせて勝負したくなりますが、ポジションサイズが大きくなると、予測した方向と反対に値が動くと、一気に損失が膨らんでしまいます。

そうした事態を避けるためにも、あらかじめ決めたポイントで損切りをしなくてはなりません。

例えば、サポートラインがあるから「これ以上下がらないだろう」と考えて投資した場合、その**ラインを割り込んだ時点で投資した根拠は崩れる**わけですから、すぐに損切りをすべきでしょう。

「一度割り込んだけれど、またすぐ戻るのではないか」とか、「損失を確定するのは気が進まない」と考えて損切りすることをためらう人が少なくありませんが、**「たられば」は投資においては禁物**です。

もちろん、願い通り価格が戻ることもありますが、それはラッキーだっただけで、運に任せるのは危険なことです。

「損切りをするのが嫌」という気持ちはわかりますが、損切りしてもダメージを受けない程度の資金サイズでトレードをしていれば、決断もしやすいでしょう。

このコラムに限らず、私が「負け」の額を最小限に抑えよう！　と皆さんに伝えているのは、一度負けるとその負けを取り戻すのは想像以上に大変なことだからです。

例えば、１００万円の資金が10％削られると90万円になり、その後10％勝つと資金は99万円になります。

いったん元手資金が減ると、元に戻すためには負けた以上に勝たないといけないわけです。

負けが先行すると、取り戻すのはどんどん難しくなります。

こんな状況でレバレッジを最大にして勝負したら、負けた時のダメージは計り知れないでしょう。

幸い、レバレッジは投資家自身がその大小をコントロールすることができます。

それこそレバレッジ1倍は、資金量と同じ数量での取引ですから、まだトレードに自信がないうちはレバレッジを低く設定しておくのが賢明でしょう。

私は最大レバレッジの半分ぐらいの取引をお勧めしていますが、それにはこうした理由があるのです。

そもそも、つねに「損小利大」の取引を行っていれば、たとえ勝ち負けを繰り返したとしても資金は増えていきます。

手元資金が減ってしまったから、レバレッジを上げるしかない——という愚行をしなくてすむでしょう。

損益率が2・0であれば、2回の負けを1回の勝ちで取り戻せますから、皆さんにはぜひこの水準をめざして投資に励んでほしいと思います。

FX

Make Money Smart with FX Trading

第4章

FXは心理戦！ 勝つための戦略 「ヒゲ」に注目

Chapter04

ヒゲの長さでトレーダーの行動がわかる

3章では、レンジ相場からトレンド相場に移るタイミングでトレードに入ることが、リスクを限定しながら大きなリターンを狙う上で最適な方法であることをお伝えしました。

4章では、そのレンジからトレンドに移るタイミングをいち早く、正確に把握するための方法を紹介していきます。

ポイントになるのは、**ローソク足の「ヒゲ」**であることはすでに述べました。レンジからトレンドに移ると見せかけて、実はレンジに戻るというチャートの「だまし」に引っかからないために、「ヒゲ」をどう活用すればいいいか。

ここが私の「損小利大」を目指すトレードの肝になりますので、ぜひじっくり読んでマスターしてください。

本題に入る前に、2章でも紹介しましたが、いま一度ローソク足の基礎をおさらいします。

ローソク足が便利なのは、**視覚的に相場の動きを把握できる**ことです。

例えば「陽線」は、最終的に買い方が優勢だった（始値より終値が高い）ことを意味します。

この場合、**ローソク足の「実体」**（始値と終値を囲んだ四角形の部分）**が長いほど、大きく値上がったことを示し、値が上がる勢いが強い**ことを表しています（図19）。

「実体」の上下に伸びた「**上ヒゲ**」と「**下ヒゲ**」も、相場の推移を示す重要なパーツです（次ページ図20）。
図19「陽線」と「陰線」の意味と見方を復習!

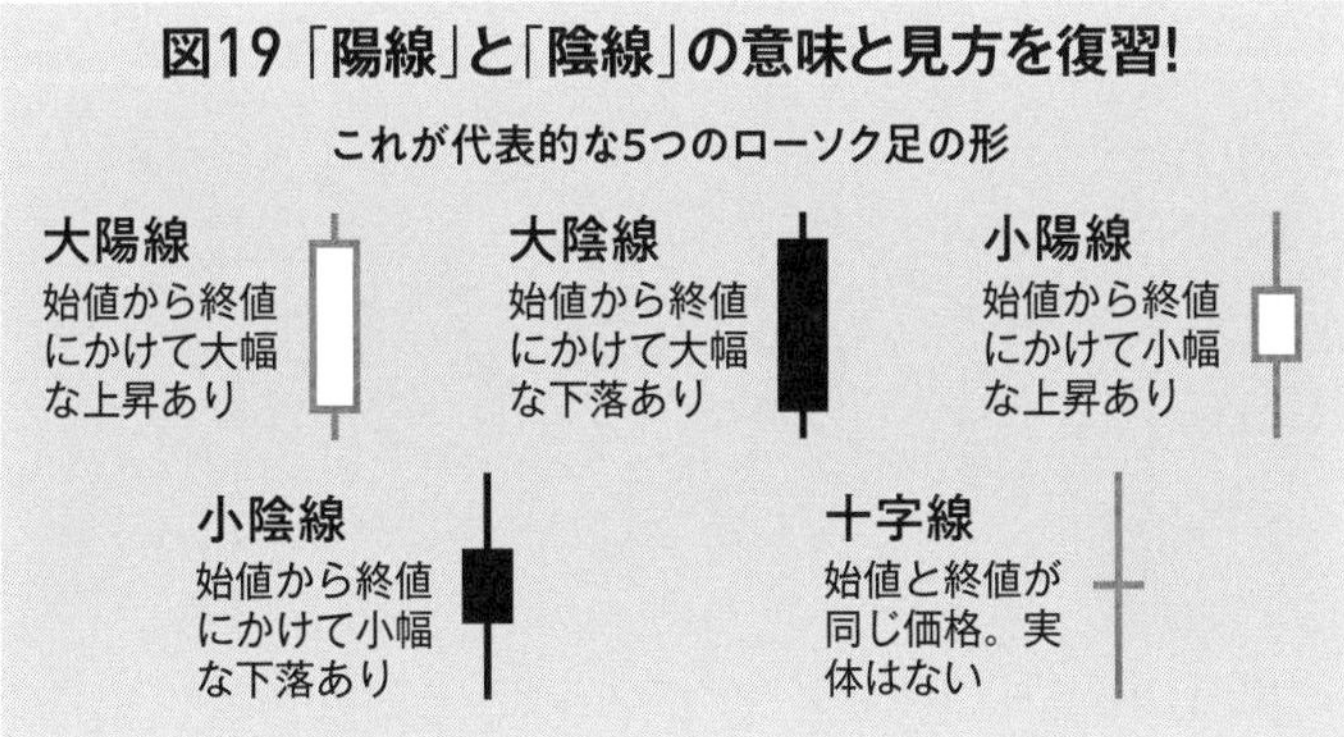
これが代表的な5つのローソク足の形
大陽線
始値から終値にかけて大幅な上昇あり
大陰線
始値から終値にかけて大幅な下落あり
小陽線
始値から終値にかけて小幅な上昇あり
小陰線
始値から終値にかけて小幅な下落あり
十字線
始値と終値が同じ価格。実体はない

例えば**上ヒゲが長いと、買い方が高値まで買い進めたものの、最終的には売り方の抵抗で押し戻されたた**ことを意味します。

下ヒゲが長いと、その反対を意味します。**ヒゲの長さにより、トレーダーの行動を理解する**ことが可能です。

ローソク足を時系列に並べたローソク足チャートは、テクニカル分析の基本的なツールです。価格の推移や現在の価格の高い・安いが、ローソク足の推移によりわかるので、移動平均線（一定期間の終値平均を線グラフで表したもの）など他のテクニカル指標と組み合わせて、相場を分析することもできます。

図20「上ヒゲ」と「下ヒゲ」の意味と見方

【上ヒゲ】
⬆高値まで買い進めたが
売り方の抵抗で押し戻された⬇
高値圏・安値圏でヒゲが出現すると相場が反転するサインの可能性も！
【下ヒゲ】
安値まで売り進めたが⬇
⬆買い方の抵抗で押し戻された

ローソク足やローソク足チャートの基本形には、それぞれ呼び名と意味があるので、詳しく知りたい方はインターネットなどでお調べください。

ローソク足ができ上がる過程が大事

移動平均線やボリンジャーバンド、一目均衡表など、テクニカル指標を使った相場分析は、ＦＸにおいてもメジャーな手段です。

ただし、すべてを否定するわけではありませんが、私はそれらを**過信するのは危険**だと考えています。

例えば、**移動平均線にローソク足がぶつかると「売買サイン」とみなされますが、そこに合理的な根拠はあるのでしょうか。**

「多くの人がそう認識しているから」と言われれば、たしかに一理ありますが、同じ移動平均線であっても過去20本や26本など、投資家が参考にする基準はバラバラです。

それにもかかわらず、「万人向けのテクニカル指標として機能する」と過信することには、相場の動向を見誤るリスクがあります。

私自身、移動平均線は相場動向を把握する際に使いますが、トレードのタイミングをはかるときは、もちろんそれだけに頼るようなことはしません。

他にも「一目均衡表」をはじめ有効とされるテクニカル指標は色々ありますが、参考程度にするのがよいと考えています。

私はあくまでも「ローソク足」を使って相場環境を把握することが、稼ぎ続ける上で大切だと考えており、**ローソク足がローソク足としてでき上がる経緯**をチェックすることで、その後の値動きを予測しています。

例えば、図21の４本のローソク足のうち、**「買いエントリー」してもよいものはど**

れでしょうか？

ローソク足を見るだけでそんなことがわかるのか、と思う人もいるでしょうが、一見同じように見える①から④の**4本のローソク足の「成り立ち」がまったく異なる**ことに注目してみてください。

①〜④のローソク足は、すべて同じ形をした陽線ですが、ローソク足が完成するまでにたどった経緯がそれぞれ異なるのです。

実際、①は一本調子で上昇し、②は安値圏でもみ合った後に上昇、③はすぐさま上昇したが高値圏でもみ合って終了、④はもみ合いから一度下落して、その後最終的に

図21 一見、同じように見えるローソク足も成り立ちは異なる

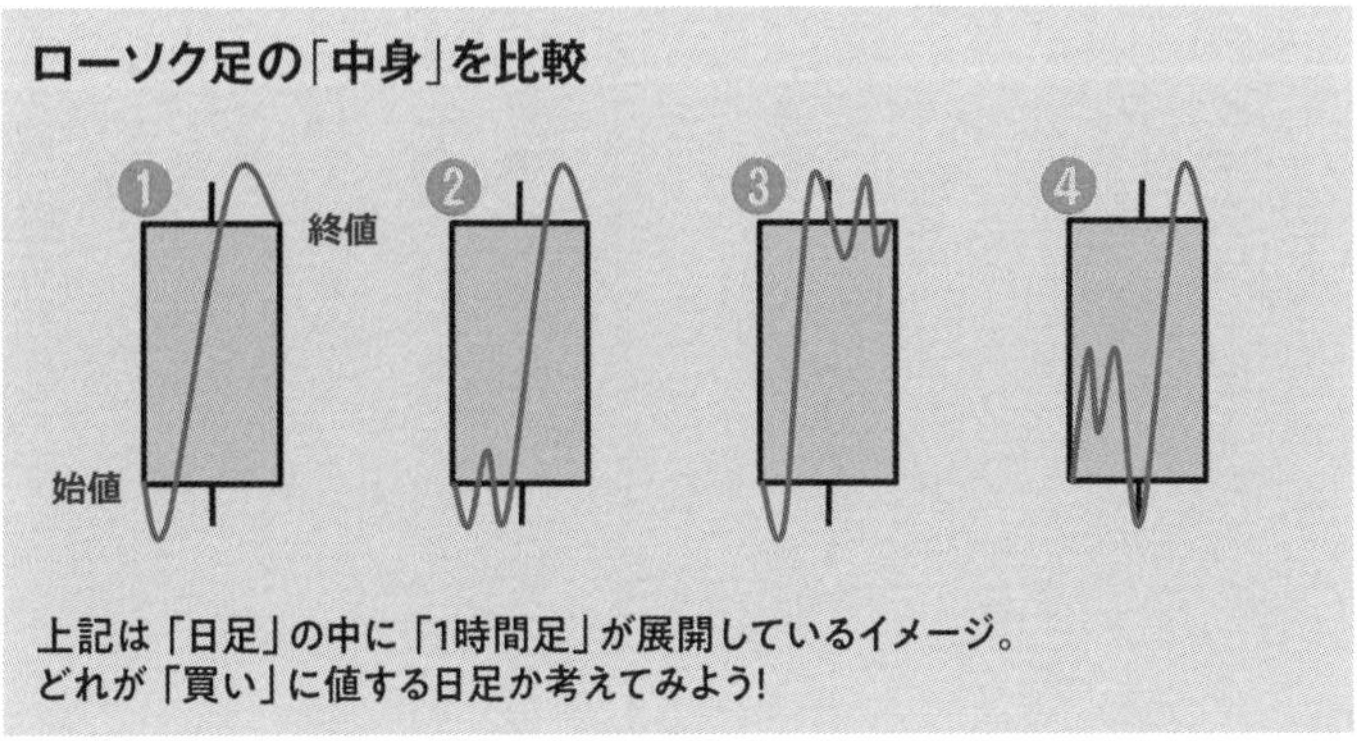
ローソク足の「中身」を比較
①
②
③
④
終値
始値
上記は「日足」の中に「1時間足」が展開しているイメージ。
どれが「買い」に値する日足か考えてみよう！

上昇した——というように、陽線を形成するまでの値動きは様々です。

ではこの中で、**どのローソク足が今後、上昇しそう**でしょうか？

私がここで注目するのは、「**どの場所で売り買いが拮抗しているか**」です。

為替相場は「レンジ相場」と「トレンド相場」を繰り返すと先に述べましたが、その原理は「売り」と「買い」の勢力が拮抗するレンジ相場の均衡がある時崩れ、どちらかの勢力が勝ったことで高値（安値）をブレイクしてトレンドに移ります。１０３ページの図14でもその原理は説明しました。

つまり、「買う」とすれば、レンジ相場で積み上がったポジションが上昇トレンドを生み出す力となる——そんな値動きをした陽線がよいでしょう。

この例題であれば、図22の**②と④のマルで囲んだ部分**がそれに該当します。この部分はいわゆるレンジ相場を形成しており、多くの投資家が次は上がるだろう、下がるだろうと読んで市場に次々に参加していました。

それが高値を抜けて上昇したので、「利食い」と「損切り」の決済が次々に出て一気に上昇したわけです。

②と④の上昇のパワーは今後も継続するだろうと読み、買い取引にエントリーします。

②・④と対照的なのが③です。③は高値圏でレンジ相場になっているため、この後上にいくか下にいくかわかりません。

この状況では、「レンジを抜けて上がっていくだろう」と判断する根拠がなく、買いエントリーするのは難しいでしょう。

一方で、②と④については、仮に下がったとしてもマルで囲んだ部分がサポートライン

図22 ②と④が買いエントリーに向いているワケは?

ローソク足からわかること

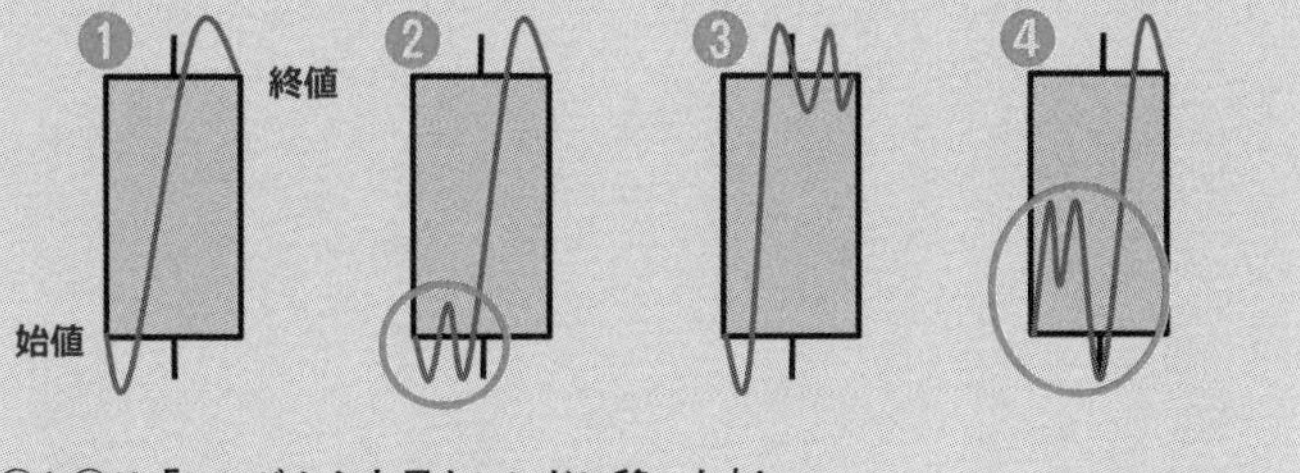

②と④は「レンジから上昇トレンドに移った」と読み取ることができる。

となるため、「**下がってもここまで**」という目安があります。

しかし、①と③は「**どこまで下がるかわからない**」ので、読み違えた時は悲惨です。どこで損切りをしていいかわからず、上がるのを待っているうちに、さらに下落して損失が膨らむリスクがあります。

つまり「損小利大」ではなく、「損大」になりやすいのです。

繰り返しますが、②と④は、「マルで囲んだ部分を割り込んだら損切り」しようという目安があるので、損失を最小限に抑えることができます。

トレードをしていると、つい儲けることばかりを考えてしまいますが、私は**儲けることよりも損をしないことを重視**しています。

この①～④のローソク足では、「上がる」ことよりも「下がらない」（もしくは下がりにくい）ものはどれかを考えます。

これ以上は下がらないだろうという「足場」を確保した上で、安心して上を目指す——。

ロッククライミングに例えると、②と④はマルで囲んだ部分が「足場」となり、安全を担保した上で山を登っているようなものなのです。

①と③はその足場がないわけです。

これまで私が再三述べてきた「損益率」を高く維持するためには、②と④のように、損失を限定した上で、大きな利益を狙う必要があります。

ローソク足をチェックする際は、長い足に短い足を重ねて、どのようにローソク足が構成されたのかをぜひチェックしてみてください。

「重ね足」で複数のローソク足を見る理由

ローソク足ができ上がる過程を視覚的に把握できるのが、**上位のローソク足の中に下位のローソク足を同時に表示するインジケーターの「重ね足」**です。2章の「基礎知識⑩」でも紹介しました(84ページ)。

前出の図22の4本のローソク足が日足と1時間足の重ね足だとすると、大きな陽線（日足）の中に24本の1時間足が同時に表示されるわけです。

重ね足が優秀なのは、**「上位足」の中に「下位足」を表示させる**ことで、一定期間中の価格形成の推移が一目瞭然になることです。

すると、日足だけ見ても「価格が上昇した」という結果しかわかりませんが、**内包された1時間足の値動きを見ることで、価格の決定要因である需給（売りと買いの推移）を可視化する**ことができます。

「日足」を見ている中長期トレーダーからすると、自分が意識している時間軸より、もう少し短い時間軸（下位足＝1時間足）で取引する短期トレーダーたちの動きや考え方がわかると同時に、下位足のトレーダーたちが何をした結果、1本の日足ができ上がったのか、そのプロセスが明白になるわけです。

その結果、図22の事例のように、今は「買いエントリー」のチャンスという判断ができるのです。

実際に私は、日足の中に24本の1時間足を、1時間足の中に12本の5分足を重ねて表示して、価格の成り立ちをチェックし、今後の流れを読んでいます。そしてトレードに入るタイミングを見極めているのです。

なぜ買った途端に下がるのか？　その意外な理由

自分が買った瞬間に、価格が下落した……まるで誰かに見られているようだ――。

こんな経験をしたことがある人は少なくないかもしれません。

実際に見られていたら怖い話ですが、「見られていないわけでもない」と私は思っています。

もちろん、あなた1人を誰かが監視しているわけではありません。

例えば、あなたがスキャルピングを駆使する短期トレーダーだとしたら、あなたを含む短期トレードをしている多くの人たちの行動を、一歩引いたところから中長期トレーダーたちが見ているのです。

具体的に説明しましょう。

例えば、**日足チャート上に「下落トレンド」が出ていた**とします。

この時、日足をチェックしている主に中長期のトレーダーは下落が続くと予測し、「売り取引」で稼ぐチャンスと見立てます。

一方、同じ時間の「5分足」は、上昇していたとします。5分足を見ている短期トレーダーは上昇が続くと読み、「買い取引」で稼ぐことを考えます。

さてどちらの判断が正しいでしょうか。

もちろんこの時点で、こちらの方が正しいと断定することはできません。

しかし、確かなことは中長期トレーダーは「買い」で入ろうとしている短期トレーダーの動きを見ており、**短期の人たちを手玉に取り、手堅く稼ごう**と思っているということです。

いったいどういうことか、詳しく説明していきます。

為替の値動きを短期間で見ると、上下に激しく動いています。上昇したと思ったら、数秒後に下落の流れに切り替わることはよくあります。

前述した上昇中の5分足も、急に値動きが鈍り、動きが反転。下落し始めたとします。すると、「まだ持っていて大丈夫か？」「一時的な下落だろうから押し目買いのチャンスか？」「それとも、下落の方向に流れが変わったのかもしれない。損切りしないとまずいだろうか？」といった具合に、短期トレーダーの間で様々な思惑が飛び交い、混乱が生じます。

売り買いの攻防は激しくなり、値動きは「買い」と「売り」で拮抗します。

その後、5分足がさらに下落すると、**もともと買っていた短期トレーダーたちの損切り（つまり、売りトレード）が入り**、ますます下落の勢いは強まることになります。

中長期のトレーダーからすると、中長期でははっきりと下落トレンドが出ているのに、目先の動きで買い取引に入る短期トレーダーは、**その後の下落を加速させる**

〝**カモ**〟**のような存在**に映るでしょう。

言葉は悪いですが、「カモはいないか？」という視点で、中長期トレーダーは5分足などの短期足をチェックし、短期トレーダーが〝判断ミス〟をしていないかを見ているのです。

「重ね足」はカモを見つけ、着実に勝つためのツールとして極めて有効だと考えています。

チャートにだまされたくない人は「ヒゲ」を見るべし！

この中長期トレーダーが、短期トレーダーをカモにしている話は、ある意味私のトレードの核心といってもいいでしょう。

その核心部分を、ローソクの「ヒゲ」を使って順々に説明していきます。

3章で「レンジ相場」なら高値圏・安値圏が、「トレンド相場」ならレンジを抜けたところがトレードに入るタイミングと述べましたが、もちろんこれが100％正しいとは限りません。

なぜなら、**チャートに「だまし」がある**からです。

「だまし」とは、**チャート上で「売り」か「買い」のサインが出たにもかかわらず、その後、反対の値動きをすること**です。

例えば、レンジの高値圏でブレイクしたのを確認して「買い」でエントリーしたが、その後価格は下落に転じた……という動きが「だまし」にあたります。

ユーロドルの「1時間足」チャートで見てみましょう（次ページ図23）。

チャート上には、四角で囲んだレンジ相場から上下にはみ出たマルの部分があります。

このチャートを後から見れば、レンジ相場が続いていることがはっきりわかりますが、リアルタイムで進行中の時は、チャートのマルの部分がレンジの高値・安値を少し抜けているので、**レンジを抜けてトレンド相場へ転換すると判断して、エントリー**してもおかしくありません。

実際はレンジを抜けなかったので、マルの部分は「だまし」だったわけですが、このだましに引っかからないようにするにはどうすればいいのでしょうか。

そこで役立つのが、**「上位足」と「下位足」のダブルチェック**です。

図24は、右と同じ時間のユーロドルの「5分足」チャートです。

マルで囲んだ部分が、図23の右から2つ目(上)のマルにあたります。

図23 チャートの「だまし」。超えた!と思ったら…

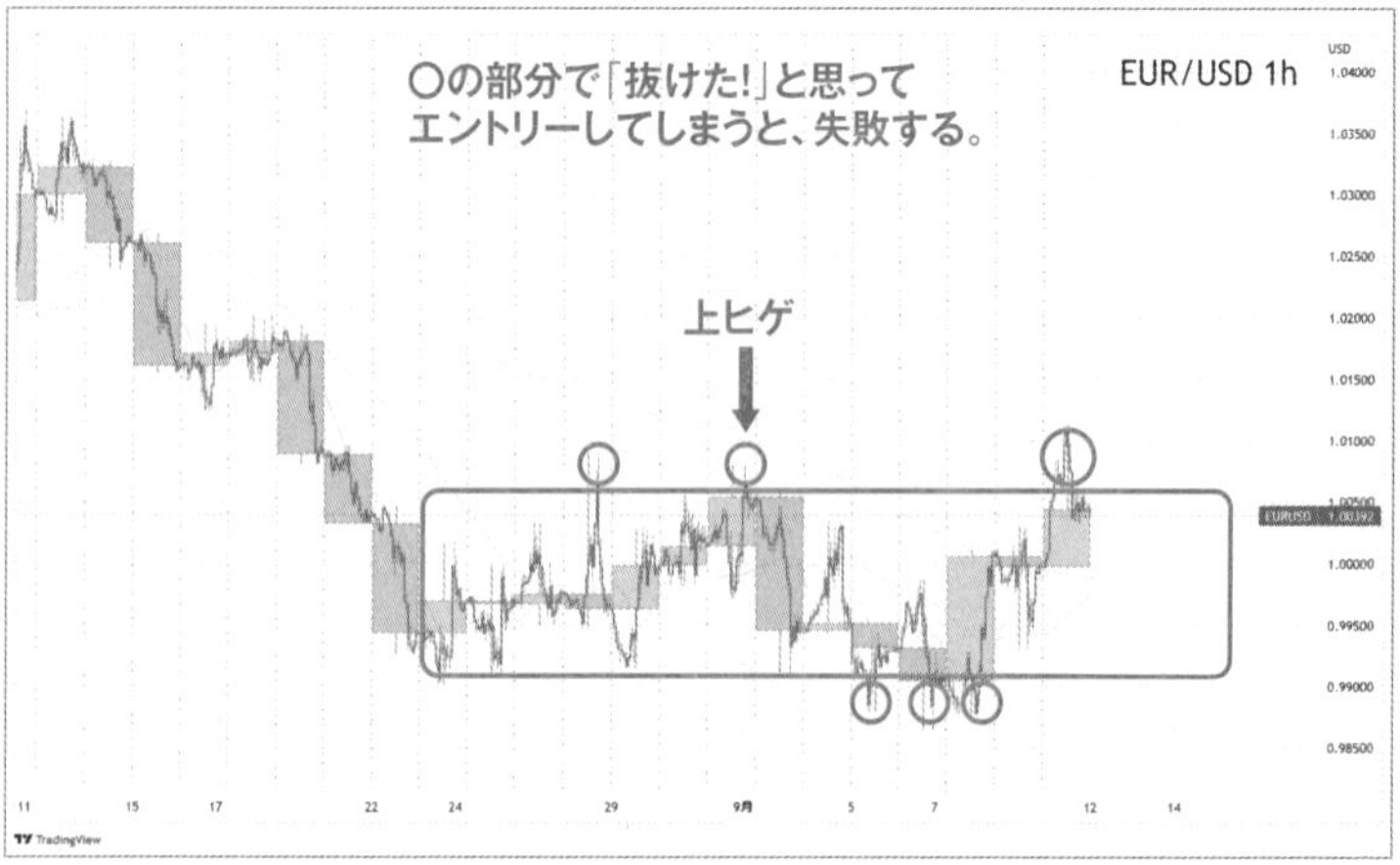

○の部分で「抜けた!」と思って
エントリーしてしまうと、失敗する。
EUR/USD 1h
上ヒゲ
USD
1.04000
1.03500
1.03000
1.02500
1.02000
1.01500
1.01000
1.00500
EURUSD 1.00392
1.00000
0.99500
0.99000
0.98500
11
15
17
22
24
29
9月
5
7
12
14
TradingView

図24のマルの部分は、レンジ相場からブレイクして上昇していますが、その後の伸びはなく、結局はレンジの内側まで価格は下落しています。

さらに、図23の1時間足チャートに重ねている「日足」を見ると、**ブレイクした時間帯はただの上ヒゲ＝一時的に価格は伸びたが、最終的にはつぶされた**こともわかります。

陽線の上ヒゲの場合、一定期間、価格は上昇したものの、「買い」が「売り」につぶされて引けた（取引を終えた）ことを意味します。

図24 超えた部分を「5分足」で見てみると…

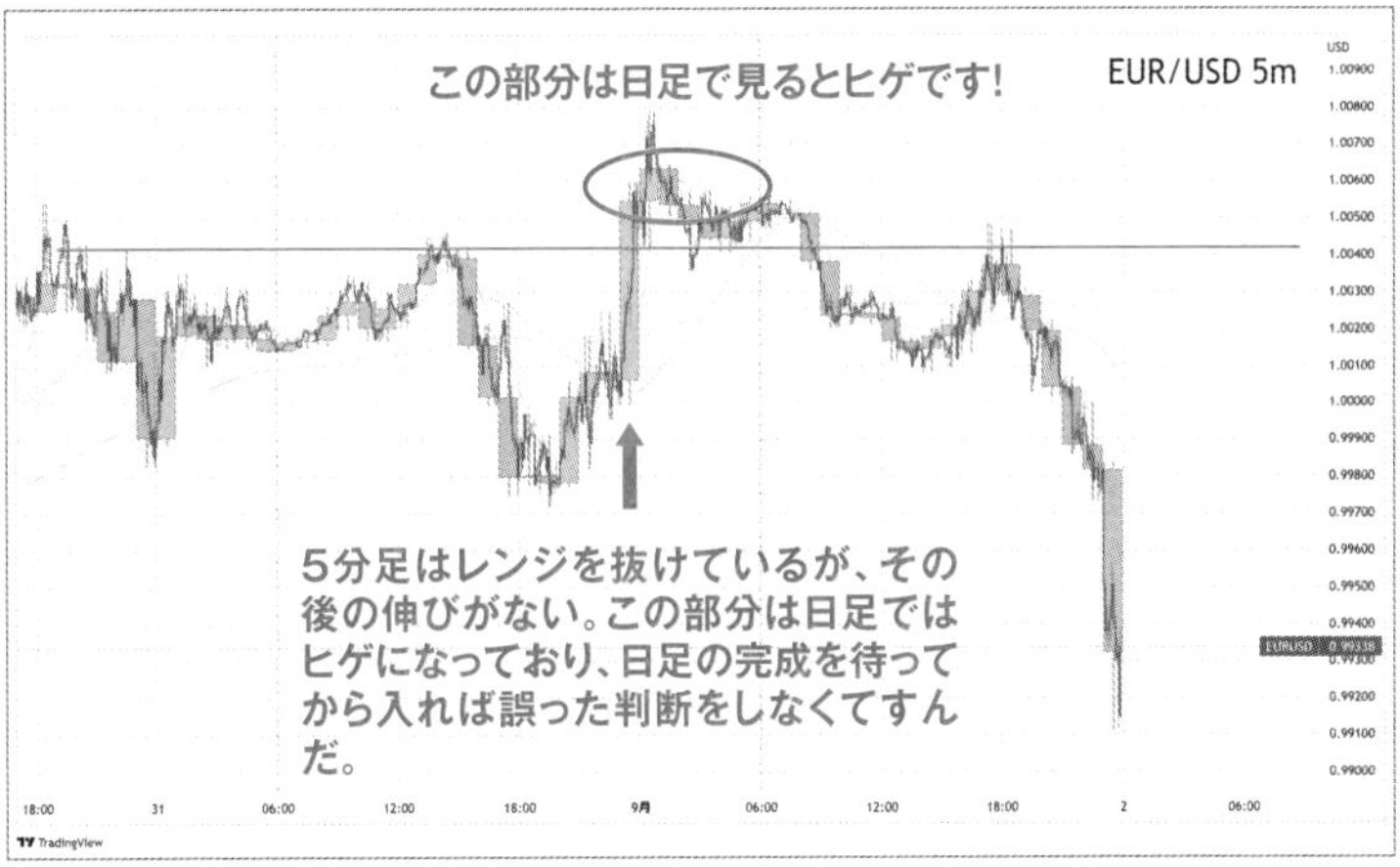
この部分は日足で見るとヒゲです！
EUR/USD 5m
USD
1.00900
1.00800
1.00700
1.00600
1.00500
1.00400
1.00300
1.00200
1.00100
1.00000
0.99900
0.99800
0.99700
0.99600
0.99500
0.99400
0.99300
0.99200
0.99100
0.99000
18:00
31
06:00
12:00
18:00
9月
06:00
12:00
18:00
2
06:00
5分足はレンジを抜けているが、その後の伸びがない。この部分は日足ではヒゲになっており、日足の完成を待ってから入れれば誤った判断をしなくてすんだ。
TradingView

つまりこの場合は、**下位足のトレーダーの「買い」がつぶされた**ことを意味します。

このことから、レンジの高値圏で上ヒゲが現れると、高値を抜けずに、その後は下がるだろうと読むことができるのです。


よって、この事例でも、1時間足でブレイクしたからといってすぐに飛びつかず、日足が完成するまで待ってから取引に入れば失敗せずに済みました。

言い換えると、**ローソク足の値動きがヒゲになったことを確認するまでは、手を出してはいけない**ということです。

「**待つのも相場**」とよく言いますが、具体的に何を待つのかと言えば、**レンジの高値・安値を抜けたのか、抜けなかったのかが判明するまで待つこと**であると、私は考えています。


この事例は、日足を見ているトレーダーからすれば、レンジを抜けることができず、「**上値が重い**」と感じる場面でした。

彼らからすれば、「だまし」とは感じないでしょう。

しかし、短期トレーダーからすると、抜けた！　と早合点してしまう動きであり、**「だまされた！」**と感じるはずです。

短期足しか見ずにトレードすることが、いかにリスクが大きいことであるかが、この事例からよくわかると思います。

下落相場で起きた「だまし」を見抜け！

もう少し具体例を見ていきましょう。

次ページに挙げたユーロドルの5分足チャート（図25）は、先ほど紹介した図23のチャートのレンジ相場における、「安値圏」の左から2つ目、3つ目の部分にあたります。

先ほどの例とは逆に、ここでは安値圏での攻防が起きました。

図25「下」に抜けた!と思ったが、抜けなかった場面

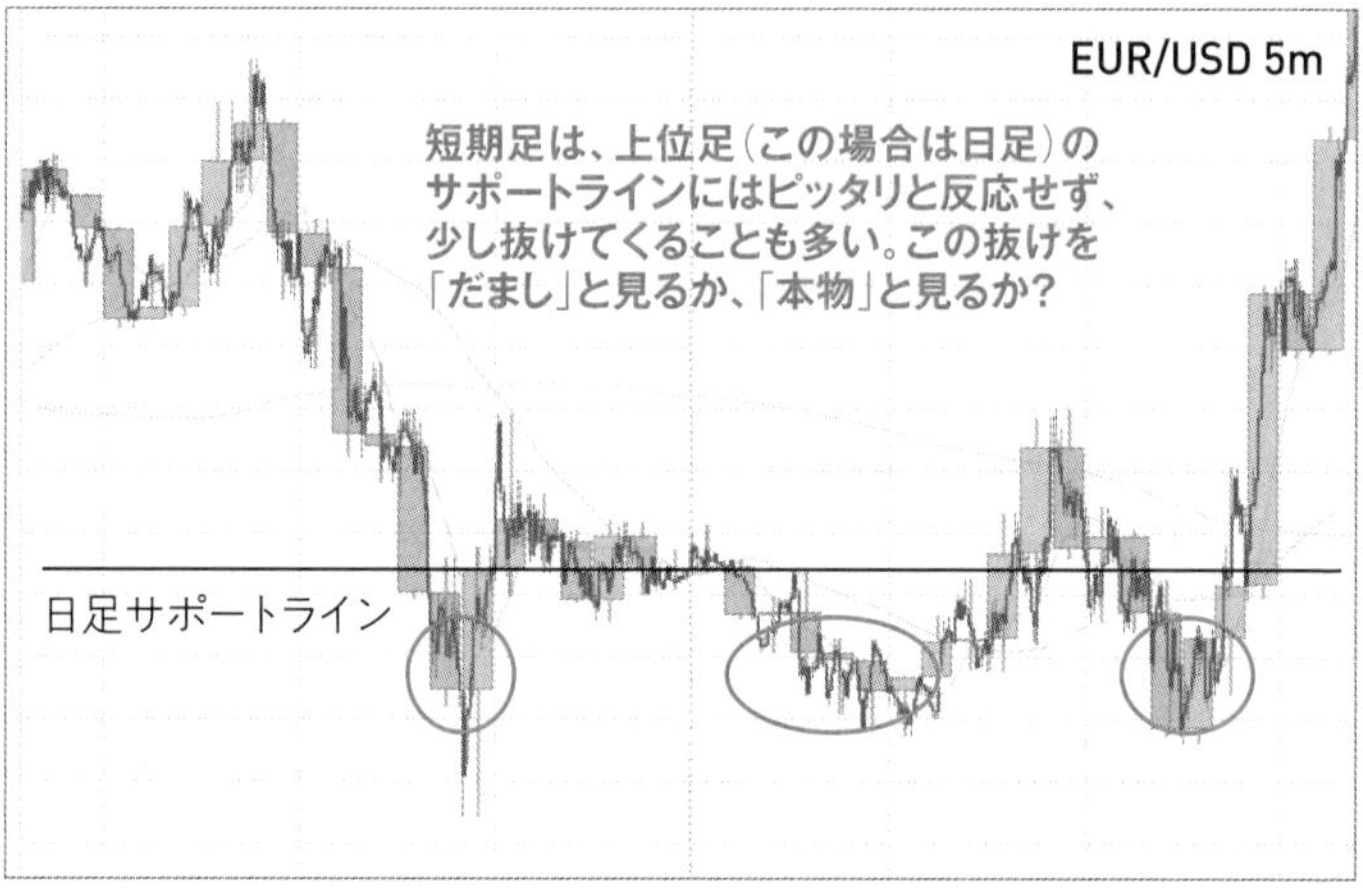
EUR/USD 5m
短期足は、上位足（この場合は日足）のサポートラインにはピッタリと反応せず、少し抜けてくることも多い。この抜けを「だまし」と見るか、「本物」と見るか？
日足サポートライン

図26 下がると思っているから、少し上がると「戻り売り」する

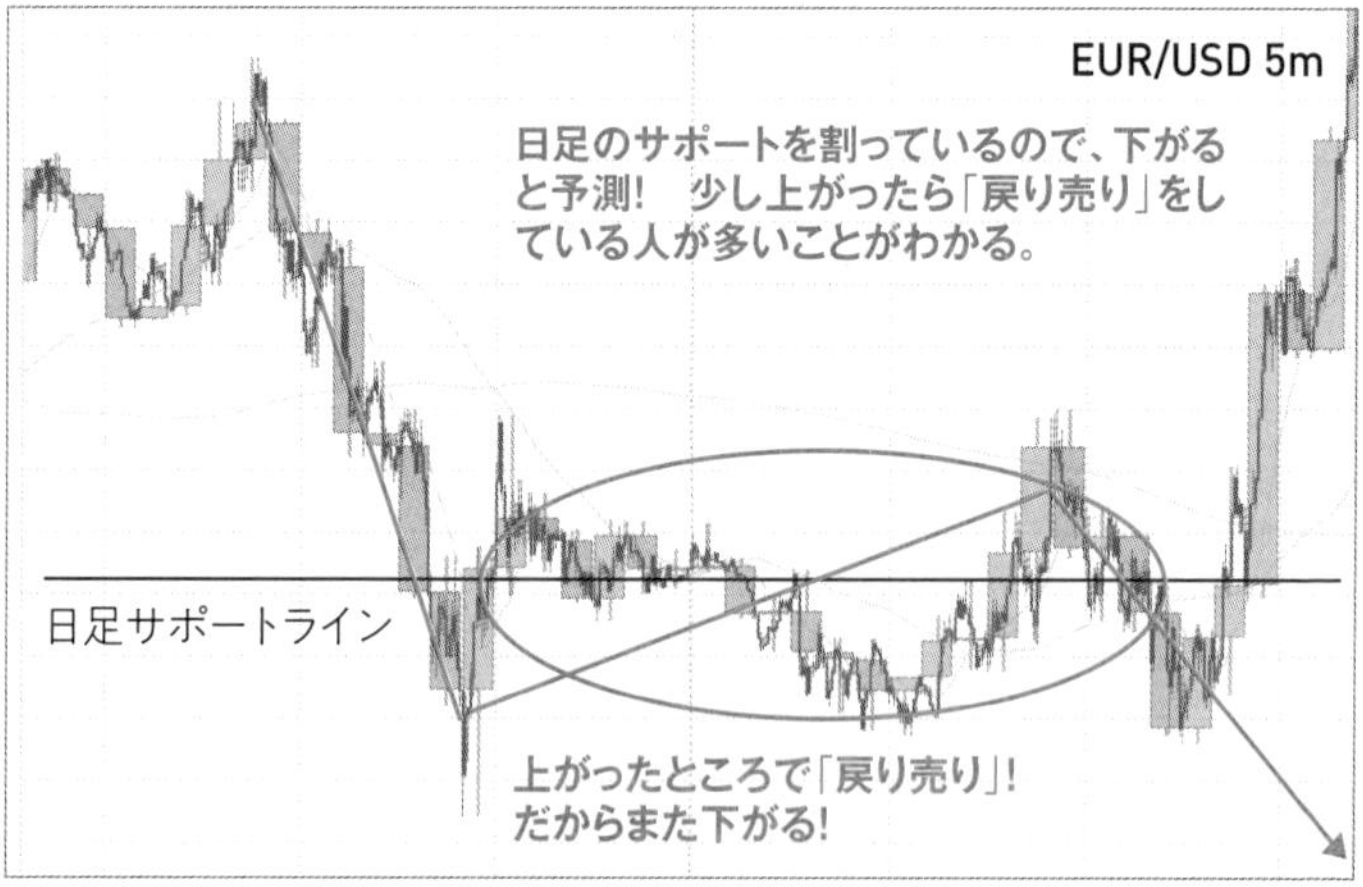
EUR/USD 5m
日足のサポートを割っているので、下がると予測！　少し上がったら「戻り売り」をしている人が多いことがわかる。
日足サポートライン
上がったところで「戻り売り」！
だからまた下がる！

「売り目線」で見ているトレーダーは、日足のサポートラインを抜けてほしいわけですが、実際、短期間では少し下に抜けています。

前述したように、この下抜けが〝本物〟かどうかは、**最終的に日足を見ないとわかりません。**

つまり、**その日の終値を見るまでわからない**のです。

それなのに、一時的な「抜け」を「トレンドブレイクだ！」と早とちりして取引してしまう人たちがいます。

彼らは、この後はどんどん下がっていくだろうと思っているため、**少し上がると「戻り売り」をします**（図26）。つまり、どんどん売っていくのです。

ところがその後、戻り売りが否定されて価格が上昇すると、**売りで入っていたトレーダーたちは慌てて「売りポジション」の解消に走ります。**

つまり、「買い戻し」が次々に発生し、価格はさらに上昇することになりました（図

27)。

短期トレーダーからすれば「だまされた！」わけですが、日足など上位足を見ている人からすれば、**ただの早とちり**であり、ある意味、漁夫の利のようなかたちで、着実に利益を取ることができた場面なのです。

「日足」を見ればその後の反発を読めた

以上は、「5分足」の世界で起きていた短期トレーダーの攻防でしたが、これを「日足」と「1時間足」の重ね足のチャートで見てみると、まったく異なる風景が現れます（図28）。

短期トレーダーの動きは9月7日から8日にかけてのことですが、**日足で見ると下ヒゲの長い陽線**ができており、この完成を待ってから取引に入ってもまったく遅くありませんでした。

図27 価格が上昇したため、慌てて損切りする短期トレーダー

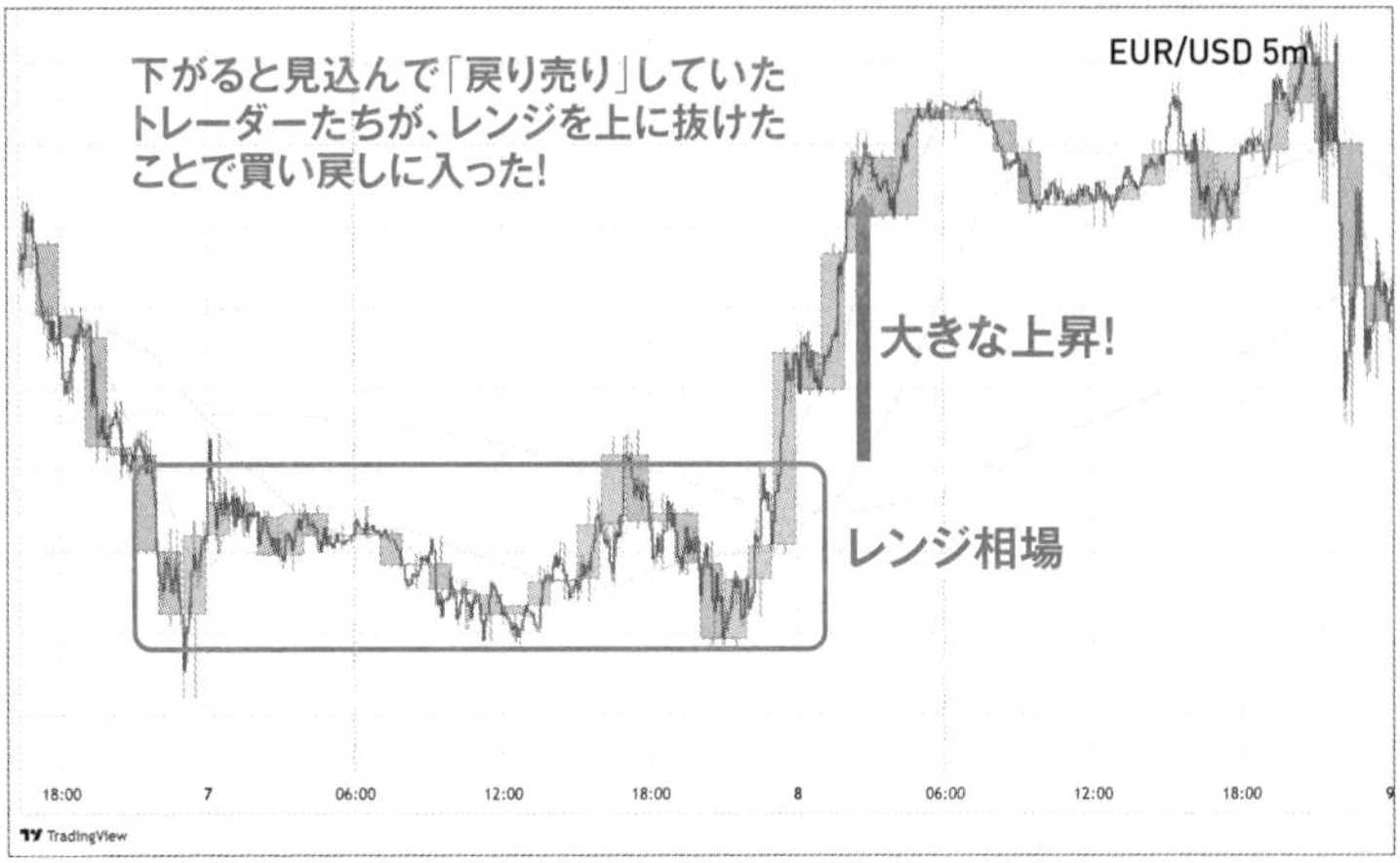

図28 下ヒゲの陽線が現れた! ということは…

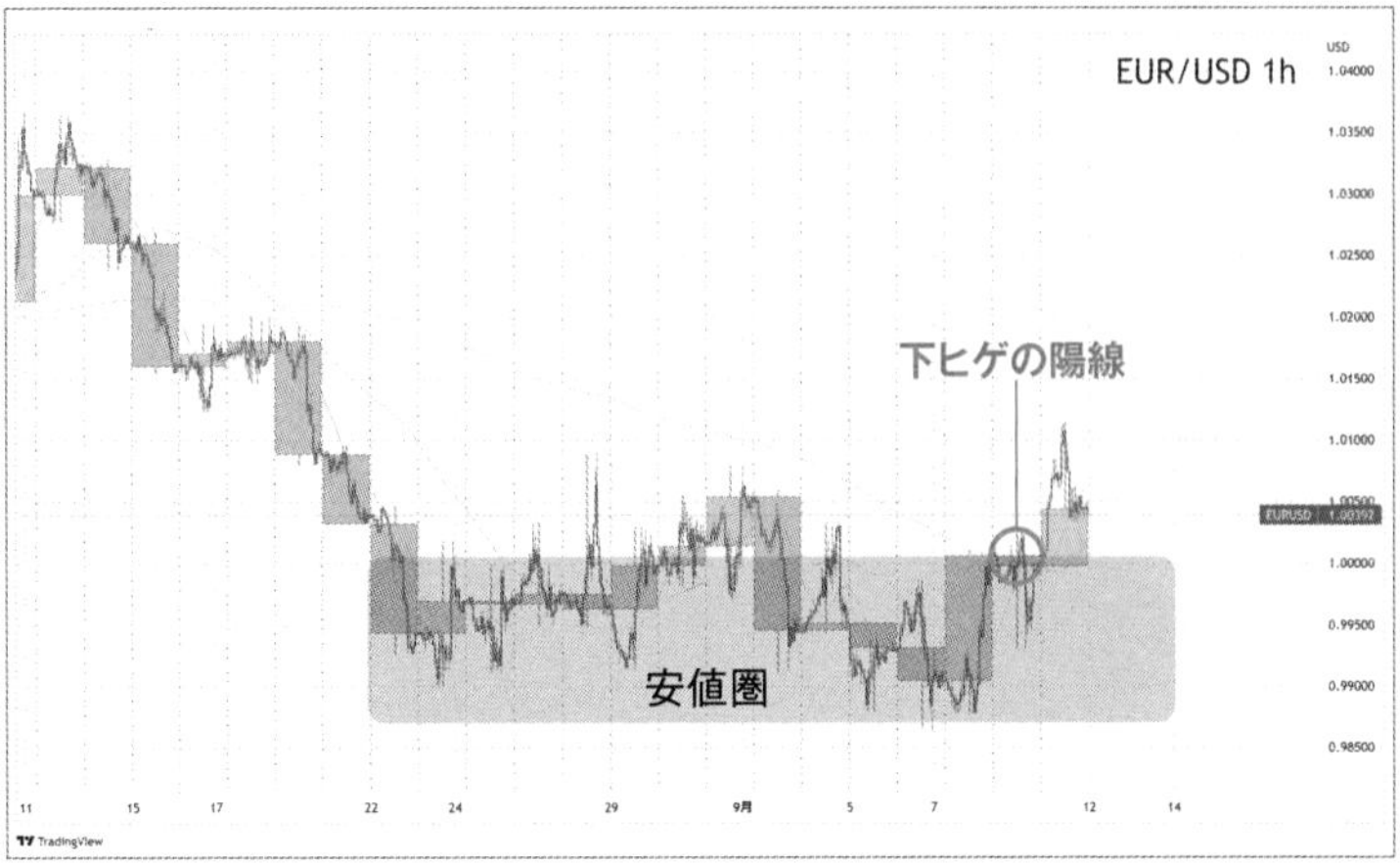

つまり、5分足では、日足のサポートラインを中心に攻防が続いていたので、売り買いのどちらで取引に入ればいいか、判断が難しかったわけですが、**日足の完成まで待てば、その後の大きな反発(上昇)を予測しやすかった**のです。

下ヒゲの長い陽線が現れたことで、短期のショート勢(売り)がロング勢(買い)につぶされたことがわかります。つまり、その後の上昇をイメージしやすい状況だったわけです。

さらに視点を戻すと、9月7日のユーロドルは、日足だけでなく1時間足も安値圏でした。

「ここからさらに下がる」と予測するより、**上昇をイメージしやすい場面**と言えるでしょう。

であるならば、安値圏を完全にブレイクして下がらない限り、「買い」の姿勢で臨みたいところですが、**上がるには「売り」の注文がたまる必要**があります。

なぜなら、先ほどの例のように、「売り」で入ってしまった人が多いほど、反対に上昇した場合に彼らの「買い戻し」が次々に入り、大きな上昇を形成するからです。

そして、「売り」の注文がたまるには、「**下がりそう**」**といった動きが必要**なわけで、それが140ページの図25で示した「サポートを超えて下がる動き」なのです。

私は一連の動きを、チャートのヒゲ(この場合は日足の陽線の下ヒゲ)で確認して、「買い」でエントリーしました。

トレンドとレンジが繰り返されるわけ

もしこれが短期トレーダーの予想通り、本格的な下落トレンドが始まった場合、私の予測は外れたことになり、取引に入ることはできませんでした。

しかし実際は下落が続かず、反発したため、私は「この流れだと**下ヒゲの長い日足になる**だろうな」と想像しながら日足の完成を待ち、**その後の上昇を確かめてからロング(買い)で取引に入りました。**

私が勝つことができたのは、**下に抜けると思い込んだトレーダーたちの損切り注文が相次いで入ったから**です。損切りにより大きな上昇トレンドが形成され、利益を獲得することができました。

言葉は悪いですが、〝損切りさまさま〟というわけです。

この損切り注文がたくさん入るには、前述したように多くの人がポジションを持つ必要があります。

つまりレンジ相場の中で、「売り」と「買い」の注文が積み上がっていく状態が必要であり、その均衡が崩れることで損切りが生まれ、トレンド相場が形成されるのです。

2つの相場が繰り返されることで、大きく勝つチャンスが生まれるのです。

損切りは「金額」や「値動き」で決めない

私はなんとなく買ってみるとか、売ってみるということをまずしません。

これまで述べてきたように、短期トレーダーたちのいわば「勇み足」によるトレードが失敗に終わり、相場が反転する可能性が高い状況を見計らってエントリーします。

いつどこでエントリーするかで勝負が決まると思っているため、徹底的にエントリーポイントにこだわるのです。

もちろん予測が外れることも少なからずあるため、百発百中とはいかないわけですが、勝てる可能性はそれなりに高いと思います。

では反対に、トレードの出口となる「**損切り**」や「**利益確定**」については、どう考えるべきでしょうか。

よく「資金の○%が失われたら損切り」とか、「エントリーから50pips下がったら損切り（ドル円なら50銭）」といわれることがありますが、私はそういう決め方をしていません。

基本的に、損切りは損失額やpips（値動き）で決めるのではなく、**エントリーした根拠が「崩れたかどうか」で判断すべき**です。

ロング（買い）をするにしてもショート（売り）をするにしても、エントリーするには理由があるはずです。

その理由が崩れない限り、損切りをする必要はありません。

反対に、理由が崩れてポジションを持つ意味がなくなったら、すぐさま損切りを選びます。

図29のレンジ相場の例で考えてみましょう。

レンジが続くことを意識して安値圏で買った場合、利食いポイントはレンジの高値圏です。素直に**レンジ内で決着をつけるべき**でしょう。

図29 レンジを意識して買うなら、レンジ内で決着をつける

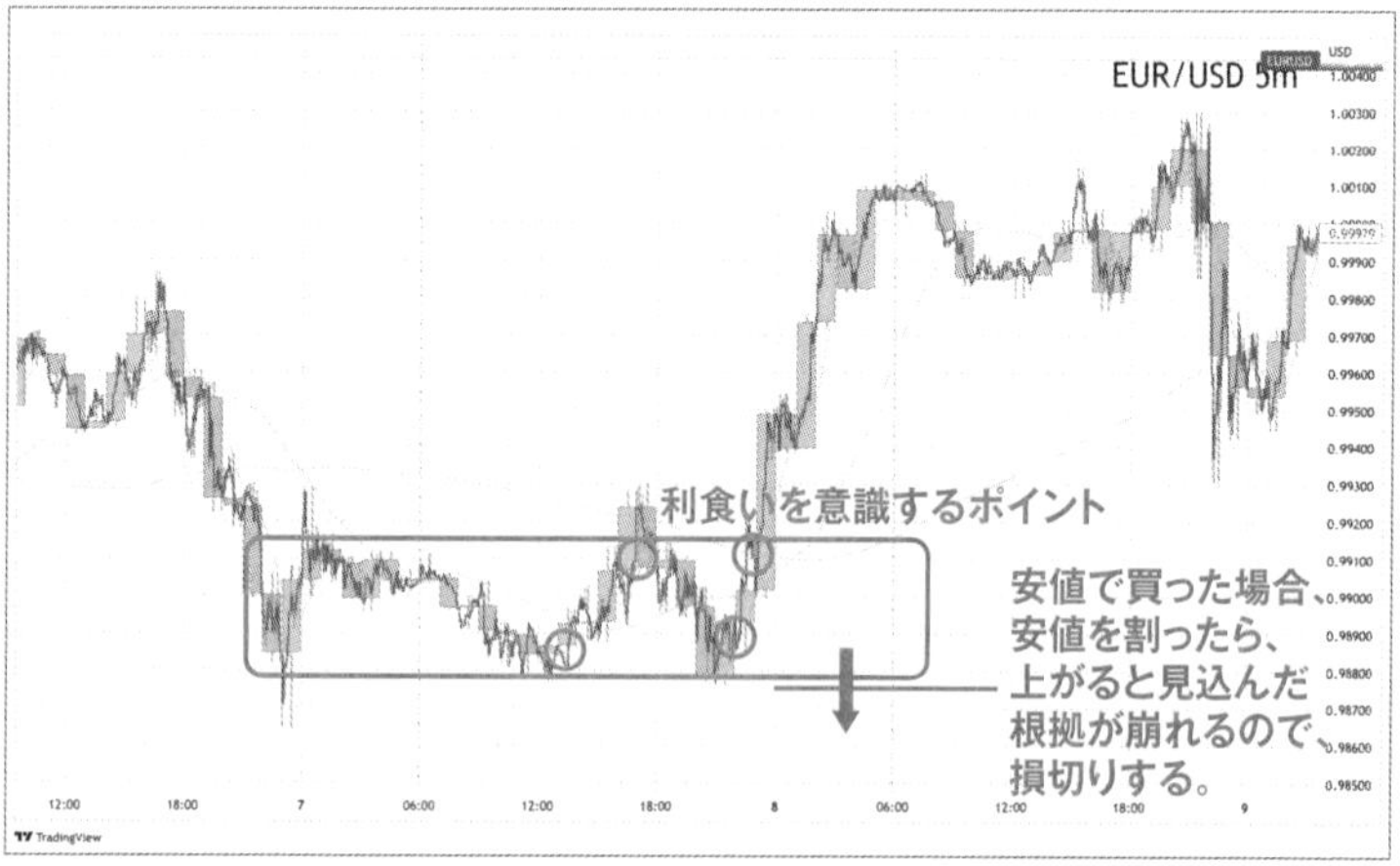
EUR/USD 5m
利食いを意識するポイント
安値で買った場合、安値を割ったら、上がると見込んだ根拠が崩れるので、損切りする。
12:00
18:00
7
06:00
12:00
18:00
8
06:00
12:00
18:00
9
TradingView

反対に、安値圏を割れたらレンジ相場が崩れるので根拠はなくなり、その時点で損切りをします。

また、レンジからトレンド相場への転換を予測して「買いエントリー」した場合、**レンジを抜けなかったらその時点で損切り**をします。

いったんはトレンドに移行したものの、**レンジ相場に戻される動きがあった場合は要注意**です（図30）。

実際にレンジ相場に戻ってしまうと上位足はヒゲになり、その時点で高値掴みになっているかもしれません。

図30 トレンドに乗ったはずが戻ってしまいそうな時は…

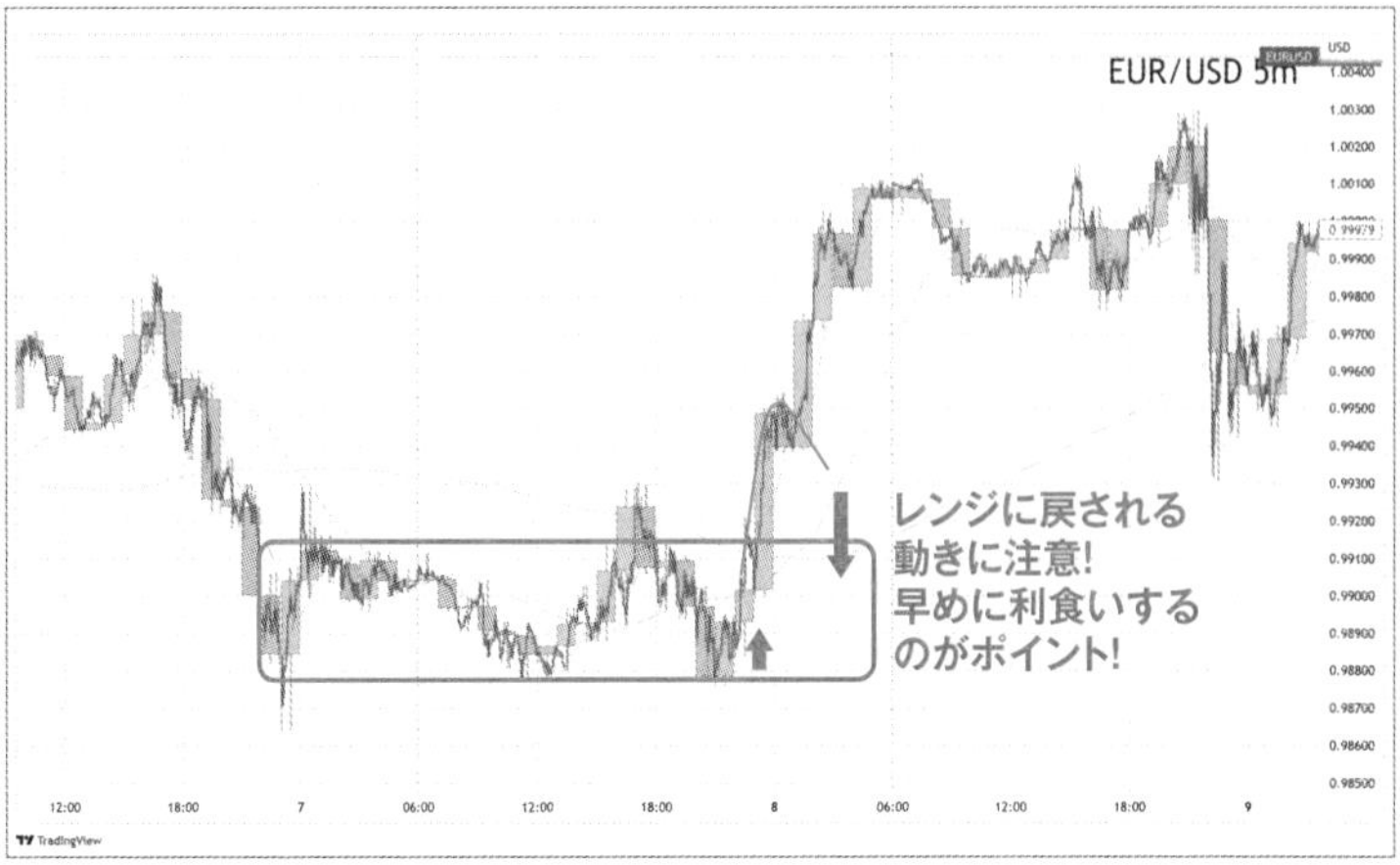
EUR/USD 5m
レンジに戻される
動きに注意!
早めに利食いする
のがポイント!

上値が重くなった時点で、早めに利食いするのが得策です。

テクニカル分析の世界では、「ダブルトップ（アルファベットのMの形になるチャートパターン）になると売りサイン」などと、**チャートの形で決済ポイントを決める人もいますが、これも正しいとは言えません。**

ダブルトップのようなパターンはいたるところにあり、それだけで売りの根拠になり得ません。

むしろ、**「売りが入りやすい局面で、ダブルトップが出るから価格が下がる」**という順序で考えていただきたいと思います。

さらに言うと、「売りが入りやすい場面で出たダブルトップが崩れたら、大きなトレンドが出る」ということです。

ヒゲを意識するのはレンジの高値圏・安値圏

ヒゲの重要性について述べてきました。

価格の反転ポイントなど、値動きを予測するのにヒゲは有効です。

例えばロング（買い）で入りたい状態で、いったん伸びたローソク足の実体がぐっと縮まりサポートまで戻ってきたら、「**これはヒゲになり反転の呼び水になるかもしれない**」というように、ローソク足が完成する前段階の見立てに役立てることができるかもしれません。

ただし、ヒゲはどんなローソク足にもあります。その中に「**意味があるヒゲ**」もあれば、「**意味のないヒゲ**」もあります。

すべてのヒゲを見る必要はなく、**高値圏・安値圏の売り買いの攻防が出やすいところ**にしぼってチェックするといいでしょう。

図31はユーロドルの「1時間足」と「5分足」の重ね足チャートです。

2つのレンジ相場を線で囲んでいますが、マルをした高値を抜けそう（安値を割りそう）な場所を見てください。

こうした価格帯は、**多くの投資家が注目しているので神経質な動きになりやすく**、ヒゲが生じることで売り買いのつぶし合いが始まり、値動きが反転する可能性を示唆しています。

一方、レンジの真ん中でヒゲが出た場合は、たいした意味がないと判断して、少なくとも私は意識しません。

図31 高値圏・安値圏に出た「ヒゲ」に注目!

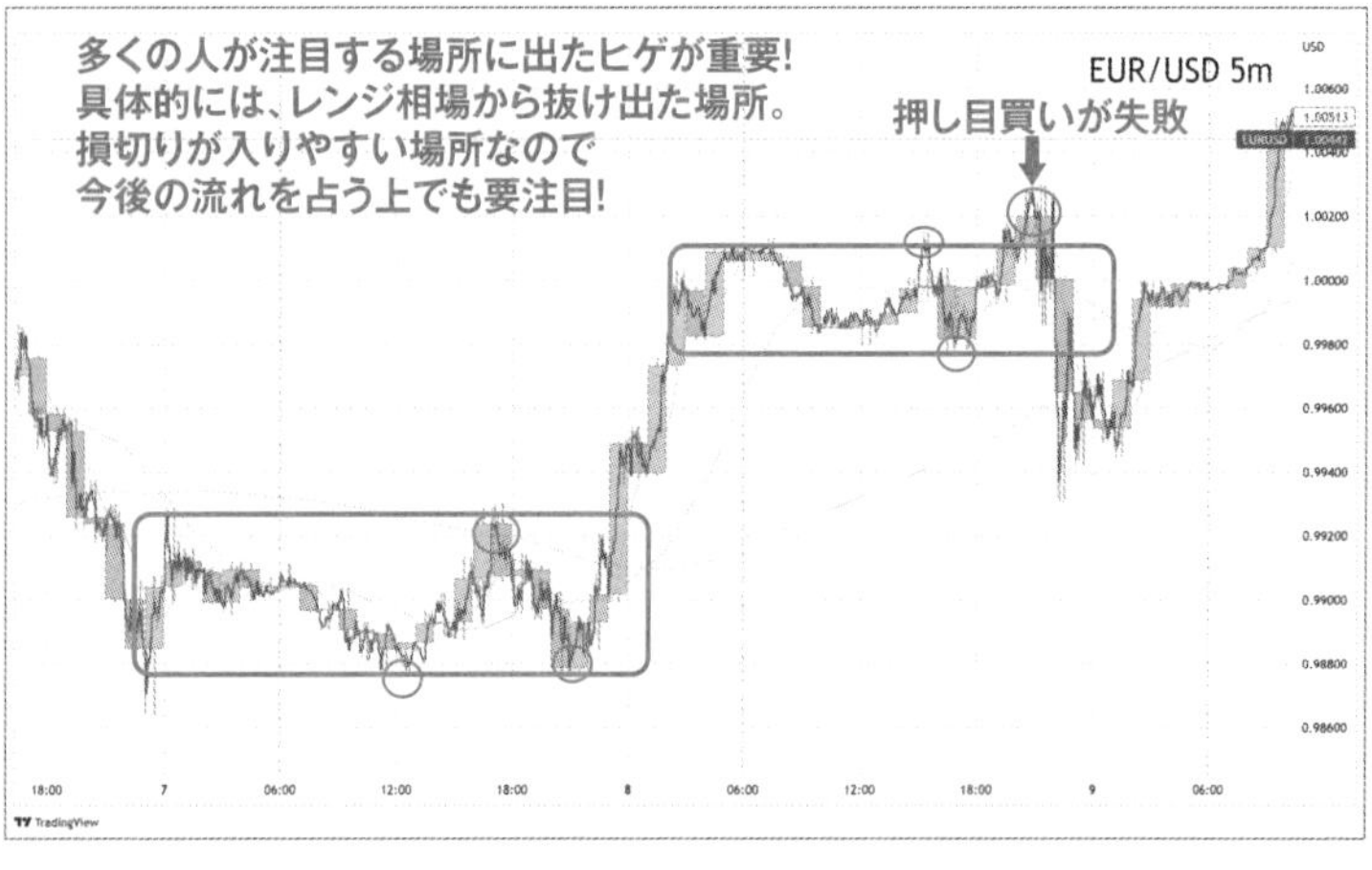
多くの人が注目する場所に出たヒゲが重要!
具体的には、レンジ相場から抜け出た場所。
損切りが入りやすい場所なので
今後の流れを占う上でも要注目!
EUR/USD 5m
押し目買いが失敗
USD
1.00600
1.00400
1.00200
1.00000
0.99800
0.99600
0.99400
0.99200
0.99000
0.98800
0.98600
18:00
7
06:00
12:00
18:00
8
06:00
12:00
18:00
9
06:00

ちなみに、図31の一番右のマル部分は、**高値圏を超えたにもかかわらず、継続的にロングが入らず押し目買いが失敗して、その後の大きな売り**につながりました。

ですから、何度も言いますが、レンジをブレイクしたからと言って、いきなり「買い」に入らず、余裕をもって値動きを観察する必要があるでしょう。

その際に、**上位の重ね足が役に立つ**のは前述した通りです。

日足のヒゲだけで判断がつかないなら「週足」を見るなど、より上位足を見ることで大きな流れや、より明確なヒゲを確認することができます。

一方、仕事から帰宅後に、デイトレをする場合、**限られた時間では日足や1時間足はヒゲが出ない**場合もあると思います。

そんな時は、他の時間軸のローソク足を表示して、高値圏や安値圏にヒゲがあれば注視していくというスタンスでいいでしょう。

短期トレードであれば、1時間足の中に5分足を重ね足で表示して、1時間足のヒゲが確定してから取引に入っても遅くはないでしょう。

大事なのは、上位足から下位足まで**複数のローソク足を重ね足にして、状況を見極めること**です。

負けないFXとは「損小利大」を継続すること

ここまでの解説で、「重ね足」を使いローソク足の「ヒゲ」に注目することで、相場の目先の動きに翻弄されないトレードが可能であることを理解できたと思います。

しかし、それでもトレードの世界には、**コツコツ貯めた利益が一度の負けで帳消しになる、いわゆる「コツコツドカン」**があるため、それで心が折れ、市場から退場する投資家が後を絶ちません。

何を隠そう、かつての私もその一人で、〝少しずつ勝っては大きく負ける〟ことを繰り返していました。

いったいどうすれば、損小利大のトレードができるのか——必死でこの命題に取り組んだ結果、今の手法に行きついたわけです。

いったいどうすれば、損を小さくできるのか――。

これは、私のＦＸにおける最も重要なテーマです。エントリーしたポイントから、少しでも予測と反対方向に動くだけで損失が生じ、これを放置すると傷はどんどん広がっていきます。

こうした事態を避けるためには、エントリーした根拠が崩れたら即、損切りをするしかありません。

実際には、チャート上で「**ここを割ったら諦めて、損切りをする**」という場所を決めておき、そこに到達したらスパッと手放すことが必要です。

何度も言いますが、エントリーした根拠が崩れた時点で、そのトレードは間違っていたのです。

ポジションを持つ時間を極力短くする

「時間を意識する」ことも、損を小さくするコツです。

FXでは、**ポジションを長く持ち続けることはそれ自体がリスク**です。ポジションを持つ分だけ、価格変動のリスクにさらされます。

理想は、エントリー直後に予測方向に価格が動き出すことであり、逆に動いた場合はすぐに損切りすべきです。

最も困るのは、トレードに入ったものの、相場に方向感がなく、決着がつかない局面です。これは相場状況で言うなら「レンジ」を指します。

レンジ相場の中でトレードをすると、価格の上下変動に翻弄されやすくなり、「だまし」に引っかかって**中長期トレーダーのカモにされる恐れ**もあります。

これにハマると損切りせざるを得なくなり、大きな損失を被ることもあるかもしれません。

レンジの中で取引に入るのは、**ブレイクが期待できる高値・安値に限定**し、上下のどちらに動くかわからない**「中間地点」ではトレードをしない**のが賢明でしょう。

ヒゲが確定するまで待てるかどうか

5分足でトレードをしている人は1時間足をチェックして、もしヒゲになっていたら「だまし」かもしれないと疑うべきでしょう。

しかし、**1時間足のヒゲが確定するまでには、1時間**かかります。

例えば、「1時間足」と「5分足」を重ねてチェックしながらトレードをする中、仮に17時5分に5分足が安値を割ったとします。

これが「だまし」なのか、〝本物〟の下落なのかは、**あと55分たたないとわからない**わけです。

ですから、17時5分の時点で取引に入るのは、自らだまされにいくようなものなので、絶対に避けるべきでしょう。

17時15分、30分、45分と様子を見ていき、サポートラインを割った後で、再び上昇してきたら、**1時間足はヒゲになる可能性が高く**なります。

45分の時点では、まだ1時間足は確定していませんが、下ヒゲができあがることを意識しながら、**エントリーを検討しても構わない**でしょう。

そして、読み通り反発上昇すれば、利益を手にすることができます。

反対に、再び下落してラインを割ったら、1時間足が確定した時に、逃げればいいと思います。

1時間足が確定するのを待ってからトレードする方が確実ですが、反発の流れに少々乗り遅れることにもなるので、**私は1時間足が確定する少し前の45分、もしくは確定した瞬間（00分）にエントリー**することが多いです。

再び上昇する流れが明確であれば、30分や45分で入っても構わないという考え方です。

ただし、1時間足が確定する前に入るのは、あくまで予測と違う動きをしたら直ちに損切りをするという前提があってこそのものです。この前提なしで取引するのはリスクが大きいのでご注意ください。

ポジションがたまっていることを確認しよう

「だまし」に注意すべきと言いましたが、これは裏を返せば、だましに引っ掛かる人が確実にいるということであり、前述したように彼らを〝カモ〟にして、賢くことができることを意味します。

私が「**ラインを抜ける動き**」**に注目するのもそのため**であり、レンジ相場が終わると踏んで勇み足でエントリーした人たちの判断ミスは、その他の人にとって稼ぐチャンスとなります。

ここはとても重要なポイントなので、角度を変えて何度も言及していますが、さらにもうひと言述べさせてください。

レンジ相場で「売り」と「買い」の注文が入り、ポジションが積み上がると、それを解消したかたちでトレンド相場が始まることは、すでに説明しました。

これは言い方を変えると、**基本的にレンジ相場がなければトレンド相場は生まれない**ということです。

であるならば、レンジ相場ができ上がるのを待って、その後トレンドに移るところで稼げばいいわけですが、実際は**レンジ相場ができ上がるのを待てないトレーダーがたくさん**います。

彼らはなぜ、待てないのでしょうか？

おそらくは、**損切りする人たちの存在を意識できていない**からではないでしょうか。

損切りする人たちのおかげで、トレンドができ上がることをイメージできていないように思います。

抜けるという「だまし」に引っ掛かったことに気づき、損切りするということは、遡るとそれ以前に「抜けない相場」が続いていたということです。つまり**レンジ相場あってこその損切り**なのです。

私はレンジ相場において、ラインを「抜ける！」と判断した人たちがたくさんいることを、実際に「抜けた」ことで認識し、その判断が誤っていたことを「ヒゲ」で確認しています。

「抜けずに戻る」ことを示すのがヒゲですから、**ヒゲの出現は私にとってチャンスを告げるサイン**であり、そのタイミングでトレードをしているからこそ、勝つ時は大きく勝つことができるのだと考えています。

安易にエントリーしないことが勝つ鉄則

私は**取引に入るポイントを厳選**しています。

判断ミスをした人たちの損切りにより、大きなトレンドが出現するタイミングを待って、エントリーするのが私の流儀です。

エントリーするポイントを厳選しているため、**その他の投資チャンスを逃しているのではないか**という意見もありそうですが、私はまったく気にしていません。

もちろん、トレードしなければ利益を得ることはできませんが、確度の低いトレードをするよりも、**損失が出ない分、よっぽどマシ**です。

時々、相場には説明がつかないような急激な上昇や下落が起きたりします。それに乗れば大きな利益をつかむことができるかもしれませんが、私は悔しい、羨ましいとは一切思いません。

一度でも「悔しい」と思ってしまうと、次に同じような局面が訪れた時に、上昇・下落する根拠も持たないままトレードをして、大事な資金を大きなリスクにさらしてしまうことになります。

そんなことをしていては、とても損小利大を実現することはできないでしょう。

私は説明のつかない相場で稼ごうとは思っていませんので、「それはそれ」と割り切ることができます。

ムダなトレードをしないことが、着実に利益を積み上げるためには、とても重要であると、私は考えています。

1回の勝ちで2回の負けを取り戻せる

これだけ慎重にトレードしていても、**私の勝率は6割程度**です。

これを高いと見るか低いと見るかは、人それぞれだと思いますが、勝率8割や9割でなくても、毎年安定して稼ぎ続けることができています。

稼げる理由は、**1回の勝ちで2回の負けを取り戻せるような損益率の高いトレード**を実現しているからです。

4章で解説してきた、負けてもすぐに損切りして損失を抑える一方で、短期トレーダーの損切りによってできた大きな上昇をつかむトレードをひたすら繰り返すことで、損益率2・0を続けてこれたわけです。

FXで勝つために必要なのは、「勝率」ではありません。「損益率」です。

この章の終わりに、改めてこのことを強調したいと思います。

【稼げるコラム】3

あれこれ考えるのは「トレード前」にしよう!

誰でも、損をするのはイヤなものです。

FXをやる以上、儲けることが目的ですから、できれば損を確定したくないと考えるのは当然かもしれません。

しかし、その気持ちが強すぎて、損切りするのを先送りする人が多いように思います。

私は損切り、利益確定ともに、先送りすること自体がストレスになるので、ルールを決めてそこに到達したら即、実施しています。

そもそも、私がどちらに転ぶかわかりにくい場面でエントリーしないのは、根拠もないのにまだ上がるんじゃないか、いや、下がるかもしれないからもう少し待ってみようとあれこれ悩み、判断を先送りするのを避けるためでもあります。

だからこそ、まず最初に「相場環境」の把握に努め、ある程度流れがつかみやすい場面でのみトレードすると決めているのです。

私はエントリーする場面を厳選した結果、エントリーする回数も当然大きく減少しました。

厳選した場面でしかトレードしないので、安定して利益を出せるようになり、損益率は高くなっていったのです。

とはいえ、FXにおいて「**こうすれば必ず勝つ**」という**完璧な必勝法はありません。**

私自身、トレードの勝率は6割ほどです。どれほど慎重に相場を吟味し、「こう動けばこう動くはず」という自分なりの相場のセオリーを確立しても、予測が外れて負けることは少なくありません。
しかし、負けても損失を最小限に抑えることができれば、負けることをそれほど恐れる必要はないのです。

さて、話を戻しますが、損切りや利食いなど、判断を先送りする人は、エントリーする「前」ではなく、「後」にいろいろ考えてしまっているのではないでしょうか。
明日は指標の発表があるから、それまで待っておこうとか、株価が上昇したから為替にも影響があるかもしれないとか、次々に色々な材料を持ち出して、判断を先送りしています。

先送りしているということは、ポジションを持った状態であるので、仮に新たなチャンスが訪れてもそれに対応することができないというデメリットがあります。

あれこれ考えるのは、エントリー後ではなく、前にして、エントリーしてからは「買い」「売り」と判断した根拠に従って、素直に利食いや損切りをすべきでしょう。

後からいろいろ考えるのは、エントリーする根拠が明確でなかったから起こることです。もし自分がそうなっているのなら、この機会に見直してほしいと思います。

FX

Make Money Smart with FX Trading

第5章

ダウ理論で「買う」か「売る」かを最初に決める

Chapter05

投資の迷いがなくなる有名な指標

勝つ時は大きく勝ち、負ける時は小さく負ける――。私が目指す「損益率」の高いFXを実践するには「相場環境の把握」が極めて重要だと述べてきました。

まずは通貨の強弱を確認して取引する通貨ペアを決め、次に今がレンジ相場とトレンド相場のどちらなのかを把握。「重ね足」を活用し、「ヒゲ」に注目して、より正確でリスクを抑えたエントリーポイントを探し当て、損益率の高いトレードをめざすことを理解していただけたと思います。

もちろん、頭では理解しても、いざ実践してみるとうまくいかないこともあるでしょう。上達するには、慣れも必要です。

相場は生き物ですから、ひとつとして同じ状況はなく、判断に迷うこともあると思います。

そこでこの章では、**相場環境を把握する際に役立つ指標**をもうひとつご紹介しましょう。

投資の世界では有名な「**ダウ理論**」です。

この理論を身につけることで、相場への理解は深まり、今は買うべきか、売るべきかなどの投資の迷いもだいぶ軽減するのではないかと思います。

当然、勝てる可能性も高まるでしょう。

理論をご存知の人もいると思いますが、私なりの活用法も加えていますので、ぜひお読みください。

「買い目線」と「売り目線」を固定する

これまで10年以上、FXを実践してきて思うことがあります。

それは、安定して勝ち続けるためには、「ブレない」ことがとても大切だということです。

ブレないとは何か？　それは「**目線**」**を固定する**ことです。

例えば、ローソク足などで相場環境を把握した上で、今日は「買い目線」でいこうと決めたとします。

目線を固定すると、いつもは動揺し、翻弄されていた目先の価格下落に対して、**冷静に無視するか**、または**押し目買いのチャンス**であると落ち着いて判断することができるはずです。

「買い目線」でいくと決めた根拠が崩れるまでは、一貫して同じ姿勢でトレードに臨むことができるので、余計なところで悩んだり、勢いで誤った判断をしてしまうことも減るでしょう。

一方、目線を決めないままトレードに臨んでしまうと、目の前で激しく上下変動する相場状況に対して、何となく上昇に乗ってみたり、直感で下落についていくなど、**ギャンブル的な感覚でトレードするしかなくなって**しまいます。

こうしたドタバタしたトレードを避けるためにも、「目線」は固定すべきでしょう。

そして、目線を決める上で役に立つのが「ダウ理論」なのです。

テクニカル分析の「基礎」であり「王道」

ダウ理論は米国の証券アナリスト、**チャールズ・ダウ氏が19世紀後半に考案したテクニカル分析の理論**です。

ダウ氏は、NYダウなど平均株価を生み出した証券界の権威であり、ウォール・ストリート・ジャーナルの創刊にも携わった人物です。

ダウ理論は、彼が論じていた内容を没後に体系化・発展させたものです。現在もテクニカル分析の基礎として、広く学ばれています。

ダウ理論は**6つの基本法則で構成**されています。

私自身、FX取引に応用しているのは、そのうち2つ程度ですが、ここではまず6つの法則について簡単に解説しましょう。

ダウ理論①

平均株価はすべての事象を織り込む

金融政策や経済指標といったファンダメンタルズも含め、**すべての事象はチャート上の値動きとして反映される**という考えです。

ファンダメンタルズに加えて、戦争や災害といった予測不可能な出来事も市場価格に影響を与え、これを受けて形成される需給バランスによって、相場の値動きは日々変動すると考えます。

現在のチャートには、すべての情報が織り込まれていると考えるため、今後の値動きを予測するにはチャートを分析すればいいということになります。

これが、テクニカル分析が有効であることの根拠とされています。

ダウ理論②

トレンドは3種類ある

ダウ理論では、連続する高値・安値がそれより前の高値・安値を切り上げると「上昇トレンド」、反対に連続する高値・安値がそれより前の高値・安値より切り下げると「下降トレンド」と、2つのトレンドを定義づけています。この考え方はとても重要なので、後で詳しく解説します。

さらに、トレンドの推移には「長期」「中期」「短期」の3種類があるとしました。

長期トレンド：1年～数年間継続する
中期トレンド：3週間～3カ月間継続する
短期トレンド：3週間未満継続する

ダウ理論③

トレンドは3段階ある

トレンドには次の3段階があると、ダウ理論は説きます。

第1段階「先行期」：先行型の投資家による底値での買い、天井での売りが出て、価格に緩やかな動きが出る

第2段階「追随期」：先行期に追随して多くの投資家が動き、急激な価格変動が起きる

第3段階「利食期」：さらに多くの投資家が参入すると同時に、先行型の投資家が利益を確定するトレンドの最終段階

私は、これら一連の動きを包括して「トレンド」と判断しています。

反対に、この3段階の形が生まれないとトレンドではありません。

そもそもトレンド相場は、直前の高値（安値）を抜けることで次の高値（安値）が生まれ、波が形成されていきます。

この高値（安値）を抜けるかどうか重要なポイントで、抜けない場合はレンジ相場だということです。

こうした理解を前提にして、前述した3段階の流れに乗ってエントリーし、利益確定までを行っていくのです。

ダウ理論④ 平均は相互に確認される

これはどちらかというと、株式市場に当てはまる法則です。ダウ理論④は、**複数の市場・銘柄で相関性を確認すべき**という考えです。

例えば、市場で鉄鋼部門が盛り上がり、鉄鋼関連株価も上昇していれば、鉄を運ぶ電車や車など輸送セクターも、同じような状況になるはずと考えます。**相互が影**

響を与え合っていて、関連性を確認すべきだということです。

ひとつの企業・セクターが単独で景気を作るのではなく、波及効果も考え、相互に確認しないと、本当のトレンドかどうかわからない、ということをダウ理論は語っています。

私自身は、この理論は為替にはあまり関係がないと捉えています。

ダウ理論⑤ トレンドは出来高でも確認できる

出来高とは、**一定期間中に成立した売買の数量**のことです。

上昇トレンドの場合、価格の上昇により出来高は増加し、調整局面にシフトすると減少します。

要するに、市場参加者が多いほどトレンドは盛り上がり、出来高が多い方が値動きにも信頼が伴います。

株式投資では出来高を確認できるので、これを参考にして銘柄の人気や市場全体の活況度合いが確認できるわけです。

一方、**為替市場では出来高を確認することはできません。**

ただし、アメリカの雇用統計(雇用情勢を示す統計で重要な経済指標のひとつ)の発表前後などは為替レートがチカチカと点滅して、大量の売買注文が入っていることを感覚的に捉えることができます。

あるいは、縦軸を価格、横軸を時間として約定するごとに点をつける「ティックチャート」でも、出来高をざっくりと把握することができます。

正確な数量はわからずとも、取引が活況かどうかを肌感覚でつかむのは大事なことであり、私自身は出来高を注視しています。

ダウ理論⑥

トレンドは明確な転換サインが出るまで継続する

上昇・下落トレンドは一度始まると、明確な転換サインが出るまで継続します。つまり、**高値・安値を更新する限りは、それに付いていく「トレンドフォロー」の戦略が有効**であり、高値・安値の更新が止まると、トレンドの転換サインとみなされます。

この理論も、私は非常に重視しています。

目線を固定するのに役立つ相場分析の手段

以上が、ダウ理論となります。

前述したように、ダウ理論を理解し、活用する最大のメリットは、トレードの「目線」を固定できる点にあります。

現在は上昇基調にあると判断し、「買い目線」でいくと決めたら、ブレずにそれを守ります。

目先の値動きが、トレンドの転換なのか、それとも一時的な反転であるのかは、ダウ理論の⑥で理解することができます。

直近の高値・安値を抜けるまでトレンドは継続するという考え方ですから、抜けないうちは目線を変える必要がありません。

例えば「買い目線」でトレードしていた場合、途中で下落に転じたとしても、直近の安値を割り込まない限り、トレンドは転換しないため、目線を変える必要はありません。

「買い」でポジションを持っていたら、キープしたままで構いません。

下落トレンドに変わったと勘違いして、ショートでエントリーするという判断ミスを犯さずにすむでしょう。

目先の動きにだまされないようになる点で、ダウ理論は非常に有益な法則であるということができます。

ＦＸは「買い」か「売り」しかない

今の話を、チャートを使って解説しましょう。

１８５ページの図32は２０２２年7月のドル円の1時間足チャートです。

見ての通り、月の上旬から価格は上昇し続けていますが、中旬を過ぎると**上昇の起点だった安値を割り込み、**大きな上昇トレンドは一旦終了します。

最初は「買い目線」で臨めばよかったわけですが、中旬以降、安値を割り込んだことで上昇の根拠が崩れました。

これ以降は買いでエントリーしない、もしくはすでに買いポジションを持っていたら、清算した方がいいでしょう。

その後、安値を割り込んで下落しているので、**ここからは「売り」に目線を変えてトレード**することになります。

このように、直近の高値・安値を超えるかどうかを判断基準にして、**目線の入れ替えを行うのがダウ理論**です。

そもそもFXでは、「買い」か「売り」しか選択肢はないため、どちらかを選ばないとトレードができません。

その際に判断の物差しとして使えるのが、ダウ理論であるということです。

もちろん、ダウ理論が説くセオリー通りに相場が動くとは限りませんが、何の目安も目印もなく投資をするより、確度の高いトレードができることは間違いありません。

もうひとつ事例を挙げます。

次に挙げるのは、ドル円の5分足チャートです(図33)。

このチャートからは、安値を次々に割り込んでいく、大きな下落の流れが見て取れます。

しかし、細かい値動きを見てみると、下落一辺倒ではなく、**何度も反発している**ことがわかります。

最初に、今日は「売り」でいくと目線を決めていないと、反発のたびに買いでエントリーして、**その直後の下落で何度も損をする**かもしれません。

実際、その後も「売り」の流れは継続しているため、この場合は**高値を更新しない限り、目線を転換しない方がいい**と言えます。

この目線の転換ポイントについては、後ほど改めてチャートを使って説明します。どこで目線を切り替えるか――その判断基準は重要ですので、ぜひ注目してください。

図32「買い」から「売り」に目線が変わる

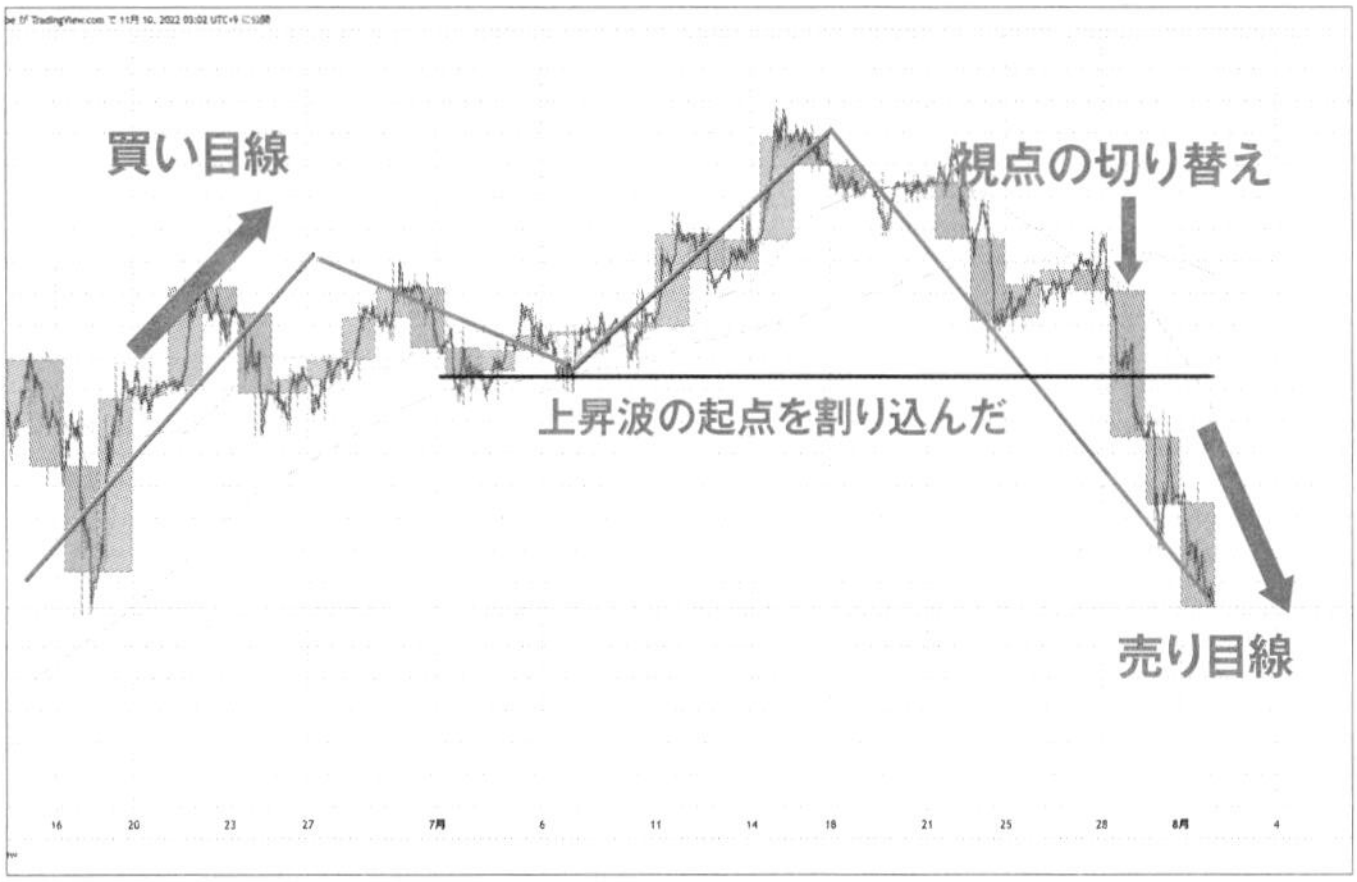

図33「売り目線」で固定すれば間違いない

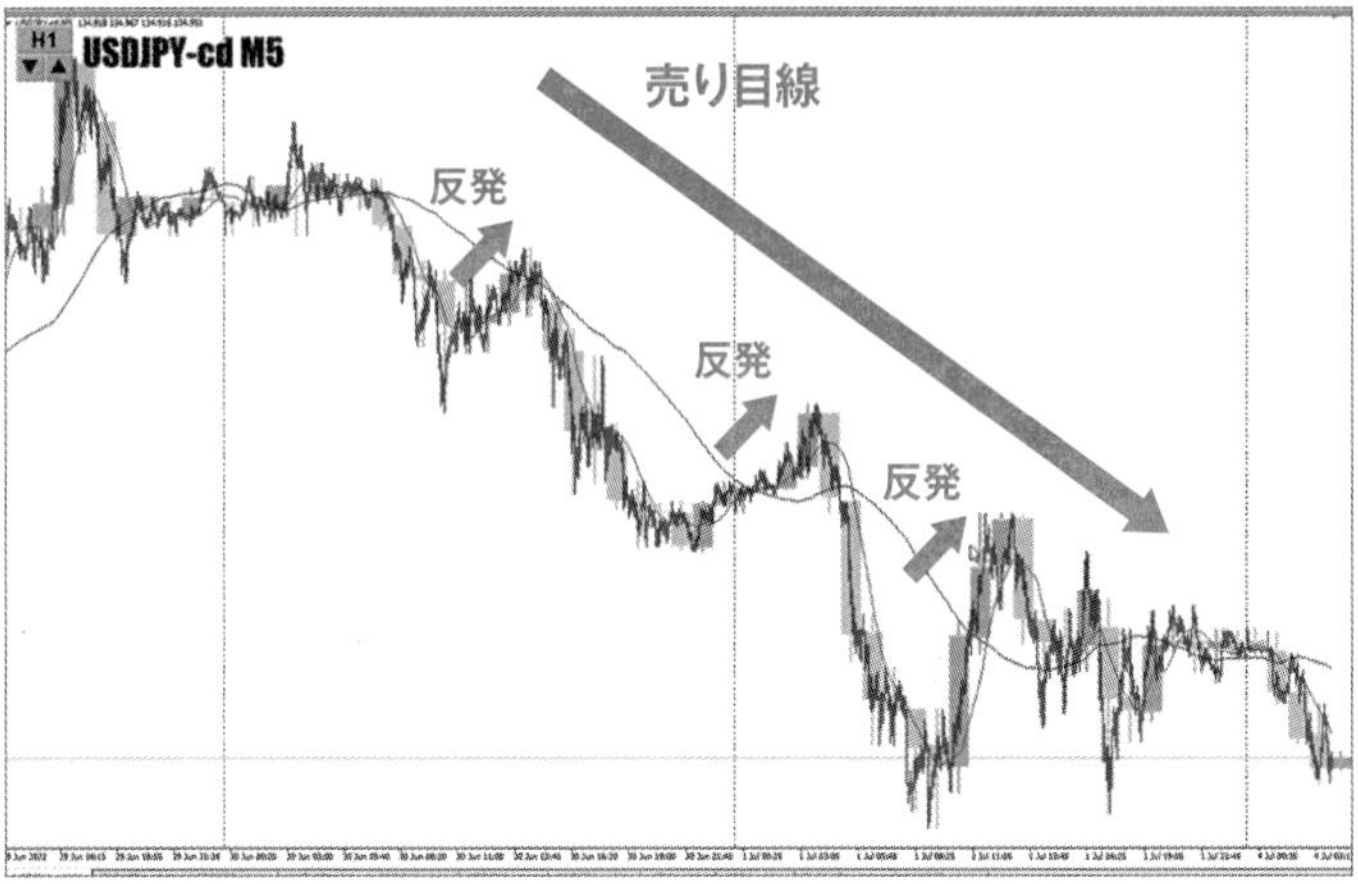

高値・安値を超えないうちは目線を変えてはいけない

では、チャートを使って、目線の転換ポイントを解説します（図34）。

図34は図33と同じものです。

基本は「売り目線」でトレードに臨みます。

この**「売り目線」がいつ「買い目線」に変わるのか、それとも変わらないのか**について、順を追ってチェックしていきましょう。

下落相場で注目したいのは、**直近の安値を割るかどうかです。**

図の中にある安値を割ると、それまでの高値から直近の高値に基準が変わります（図34の高値①から②へ）。

高値が変わることの何が重要かというと、図の中で何度か反発して上昇していますが、**基準となる高値を超えると、今度は「買い」に目線が変わる**ことになります。

この図の場合は、反発しても高値まで届いていないため、この時点ではまだ「売り目線」を変えてはいけません（次ページ図35）。

実際、図35では一時的に反発しても結局は下落が続き、安値をさらに割り込んでいきました。

目線を変えて「買い」でエントリーしてしまっていたら、損をしていた可能性が高いでしょう。

このように、現在の高値・安値を意識しておくことが重要であり、下落相場であれば、直近の高値を超える反発

図34「安値」を抜けたことで新たな高値が決まる

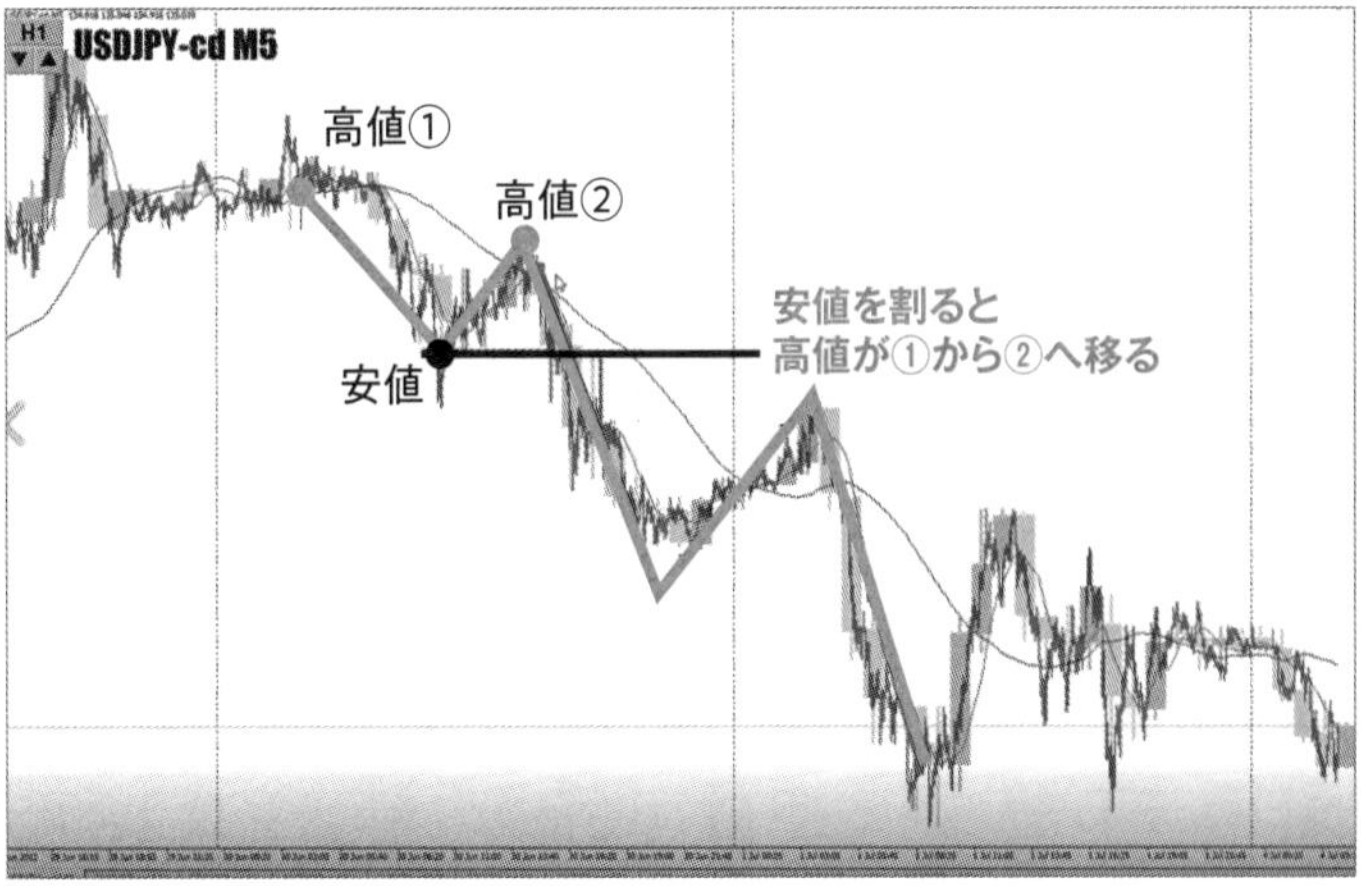
USDJPY-cd M5
高値①
高値②
安値を割ると
高値が①から②へ移る
安値

図35 上げたが高値まで到達せず、「売り目線」を継続

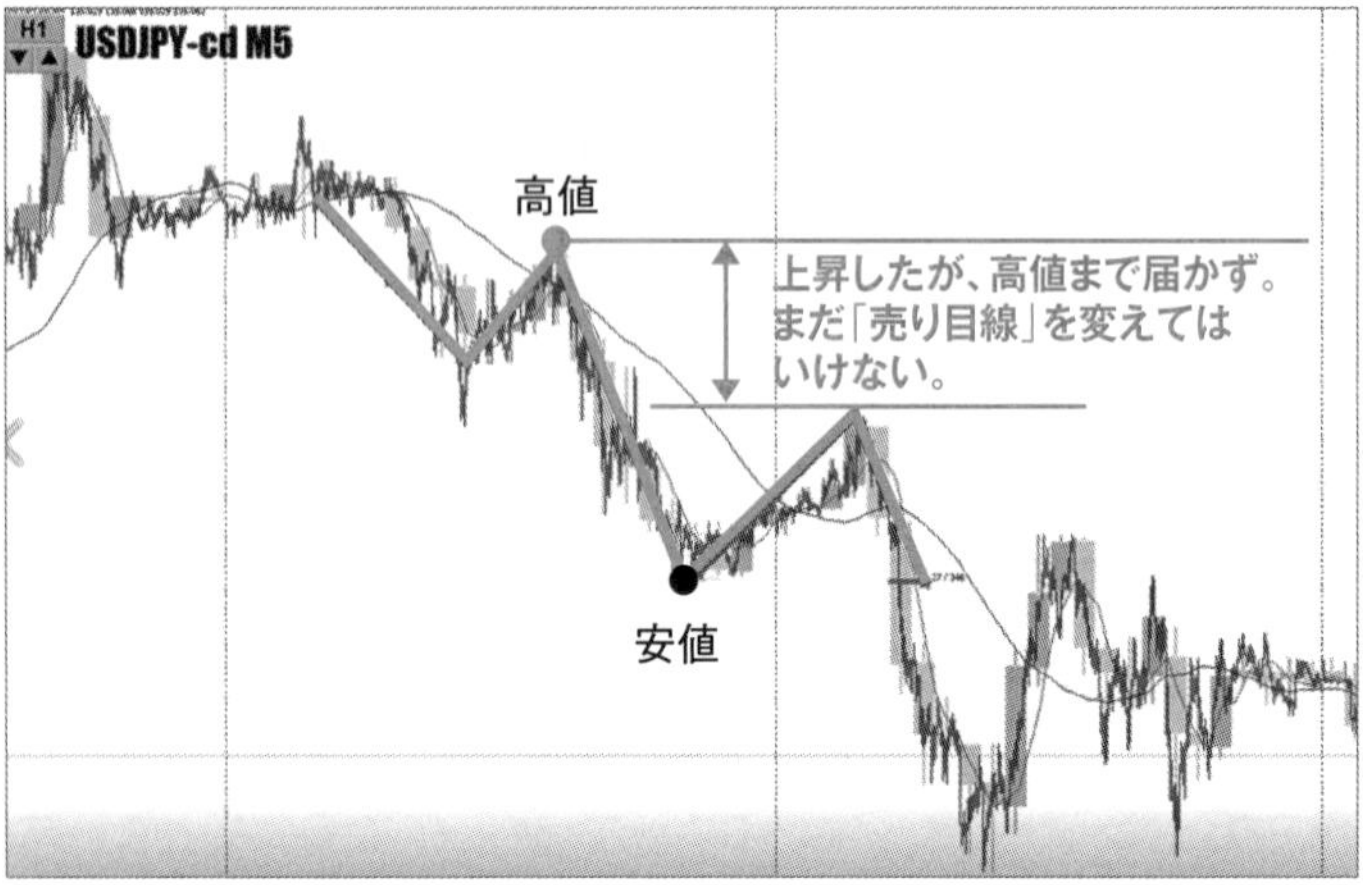

USDJPY-cd M5
高値
上昇したが、高値まで届かず。
まだ「売り目線」を変えては
いけない。
安値

図36 反発したが、またも直近高値まで届かない

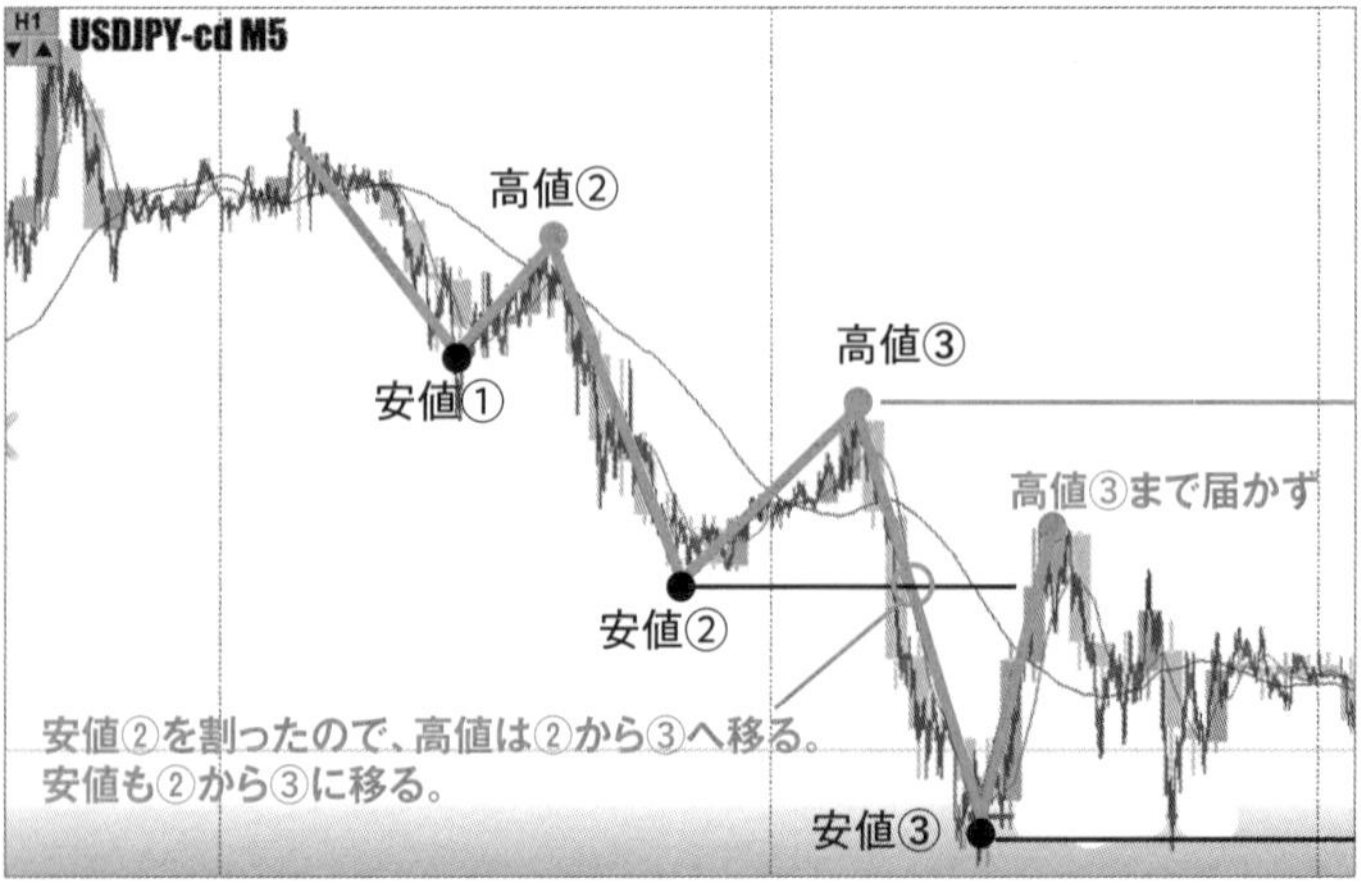

USDJPY-cd M5
高値②
安値①
高値③
高値③まで届かず
安値②
安値②を割ったので、高値は②から③へ移る。
安値も②から③に移る。
安値③

があるまでは売りの目線を変えないと決めておくことで、目先の動きに惑わされず、一本筋の通ったトレードをすることができるでしょう。

当然、結果も伴ってくるはずです。

ちなみにこのチャートですが、再び急反発しています（図36の安値③）。

しかし、**直近の高値まで戻ることなく再び下落に転じました。**

チャートの動きを細かく見ると、上下変動を何度も繰り返していますが、大きな流れとしては「売り目線」で間違いないことを示しています。

次に、上昇トレンドの事例も挙げます（次ページ図37）。

先ほどと同じくドル円の5分足チャートですが、波を描きながら上昇しています。

直近の高値を超えていくことで安値も切り上がっていきますが、この**安値を割り込むまでは上昇トレンドが続いている**とみなすのが正解です。

図37 安値を割り込まない限り、「買い目線」を固定

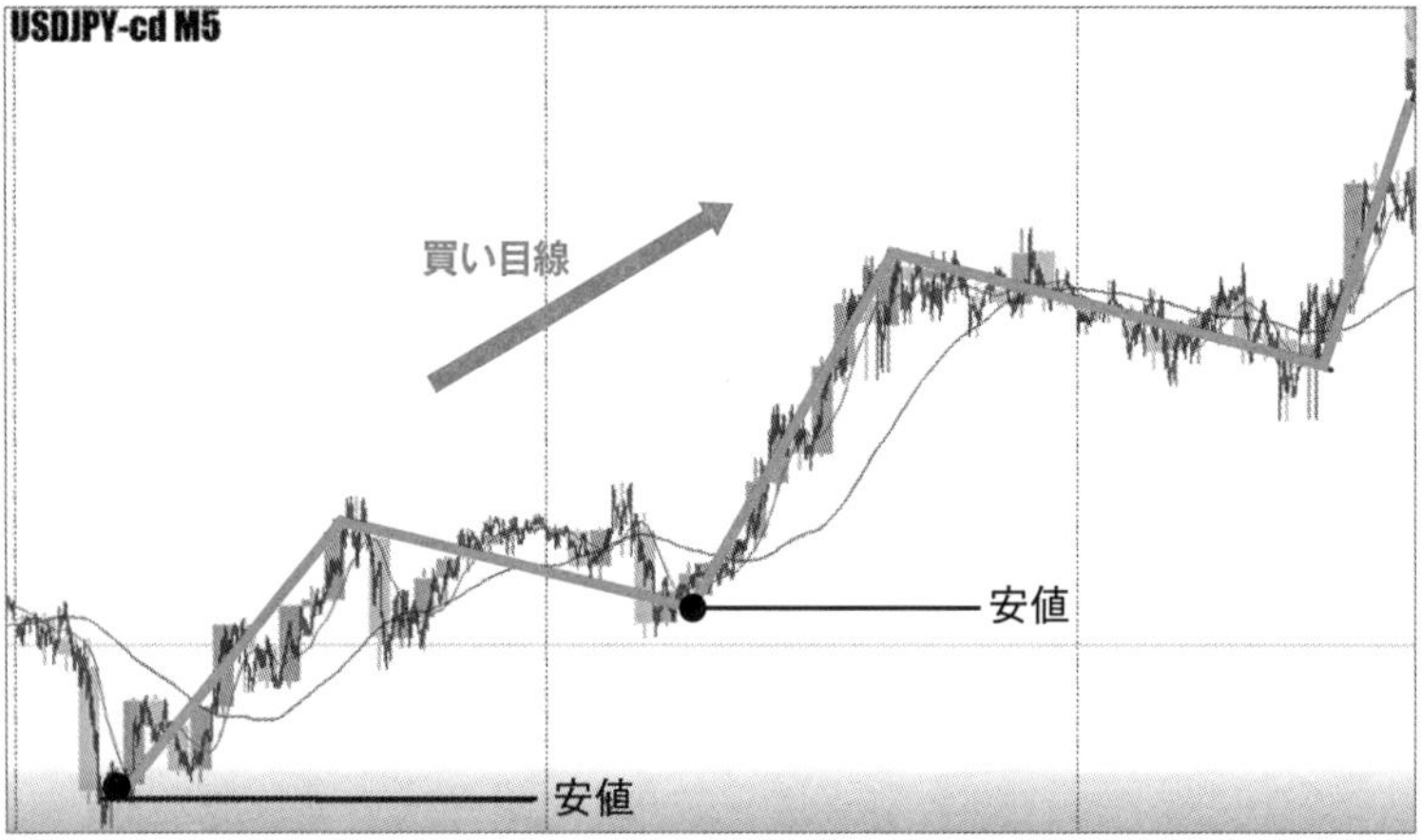

図38 安値を下回ったことで「売り目線」に転換!

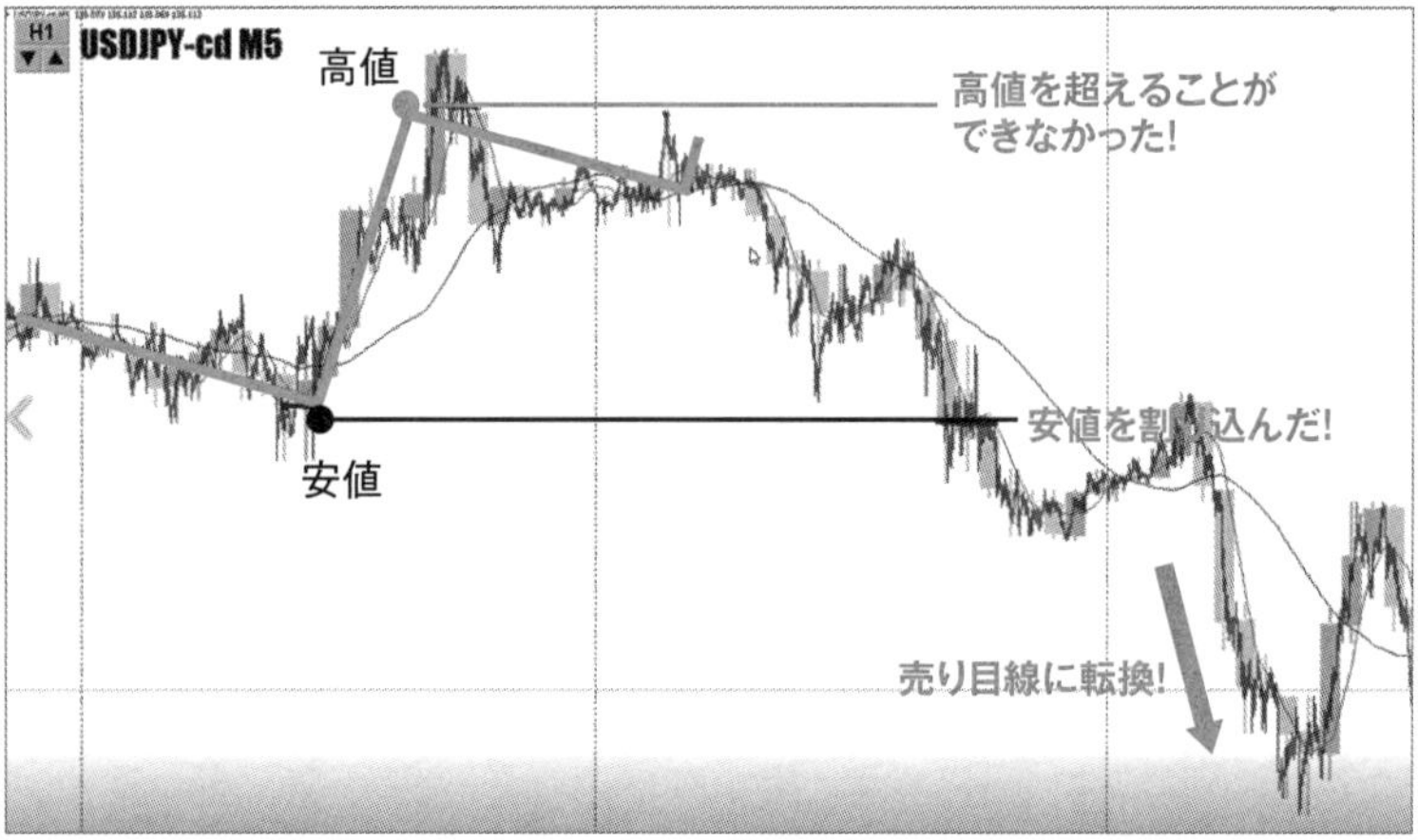

しかし、その後、切り上がってきた安値を下回ったことが転換ポイントとなり、下落トレンドに変わりました（図38）。

安値を割り込むまでは「買い目線」、割ってからは「売り目線」に切り替える——これがダウ理論に則ったトレード戦略なのです。

ダウ理論を知ると気持ちがラクになる

ここで紹介したダウ理論は、シンプルで使い勝手がよいと思います。

直近の高値・安値を超えない限り、最初に決めた目線（買い・売り）を変えないということだけですから、数回トレードで試せば、すぐに慣れて使えるようになるでしょう。

目線が決まると気持ちがラクになります。

仮に「買い目線」だとすれば、今このタイミングで買えるかどうかだけを考えれば

よいのです。買えないと思うならスルーして、次の機会を待つのみです。

リアルタイムのチャートを見ながら、高値圏・安値圏の判断を下せるのも、ダウ理論の良いところです。

はっきり言って、**今が高値なのか安値なのかは、どこを基準にするかによってまったく変わってきます。**

2022年のドル円相場は、巷間言われるように「超円安」相場だったと言えますが、しかし1ドルが350円だった昔を知っている人からすれば、円高と言うこともできるでしょう。

高い、安いに絶対的な基準はないため、ダウ理論のように直近の高値・安値を設定し、それを超えなければ目線を変えないという目安を作ると、拠り所ができてトレードがしやすくなることは間違いありません。

私自身は、相場環境を把握する際、「日足」と「1時間足」の重ね足のチャートとダウ理論を照らし合わせ、第4章で述べたヒゲも参考にしながら「買い目線」か「売り目線」かを決めることが多いです。

【稼げるコラム】4

ドルの強さをはかるドルインデックスとは？

本書では、相場環境を把握する最初のステップとして、「通貨の強弱」を把握することを挙げました。

最も強い通貨と最も弱い通貨を組み合わせれば、値動きが大きくなるため、稼ぎやすいという理屈でした。

本コラムではそれに加えて、ドルの強弱を判断する指標をご紹介しましょう。

その名も「ドルインデックス」です。

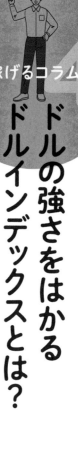

ドルインデックスとは、ユーロや円、ポンドなど複数の主要国通貨に対して、ドルがどれだけの価値があるかを示したものです。

指数の数値が高いほど、主要国通貨に対してドルが買われており、数値が低いほどドルが売られていることを表します。

FRB(米連邦準備制度理事会)やBIS(国際決済銀行)、ICE(インターコンチネンタル取引所)など複数の組織が独自の基準でインデックスを算出しており、それぞれで通貨の種類・割合は異なります。

例えば、FRBのドルインデックスは26通貨、ICEは6通貨で構成され、後者はユーロが約6割を占めています。

よって、ユーロドルの値動きの影

「ドルインデックス」でドルの強さを確認する

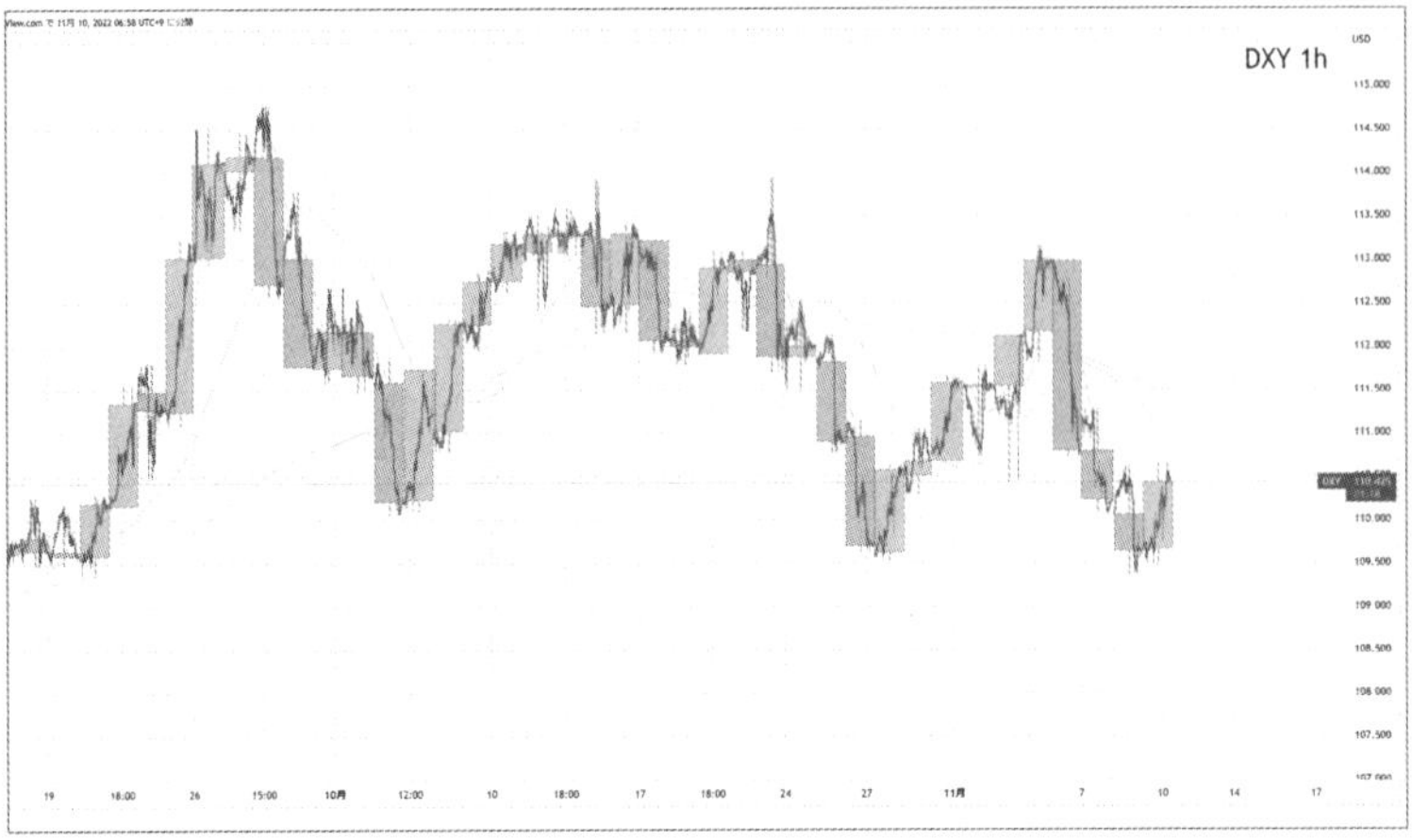

響を受けやすいとされています。

ただし、ドルの方向性を確認する上ではどれを使っても問題ないと思います。

一般的には取引所に上場しているICEドルインデックスを目にする機会が多く、私自身もこれを参考にすることが多いです。

皆さんもぜひ活用してみてはいかがでしょうか。

FX

Make Money Smart with FX Trading

第6章

3ステップで負けない！勝ち続けるトレードを復習

Chapter06

私がトレードで大切にしていること

ここまで読んでいただいた方は、私がＦＸで稼ぎ続けるために実践していることがわかっていただけたと思います。

それらをまとめると、以下になります。

- 目先の細かい価格変動に翻弄されないためにも、まずは**相場の全体像の把握**に努める
- その際に、ローソク足は5分足など「短い足」から見るのではなく、**日足など「長い足」から見て、**今の相場は上昇基調なのか、下落基調なのか、高値圏なのか、安値圏なのかをチェックする
- 移動平均線などのサインに頼らず、**投資家の心理を読んで合理的にトレード**する
- 実際には、**短期トレーダーが相場状況を読み違えて勇み足的にトレード**したこ

とを確認して、彼らの損切りを利用して稼ぐ

●まずは**損失を限定した上で、利益を狙う。**例えば上昇を狙う際は、これ以上は下がらない（下がりにくい）ことを確認した上でトレードに入る

こうしたトレードスタイルについて、各章では順を追って解説してきました。

最後の6章では、右の重要なポイントを、いつどのタイミングでチェックし、どのように実践しているかについて、3ステップのかたちにまとめました。

実際私がトレードを行う際に、その日のトレードをどのようにスタートし、どのタイミングでエントリーし、利益確定や損切りを行っているかをまとめましたので、皆さんがトレードを行う際に参考にしてもらえたらうれしいです。

STEP 1 通貨の「強弱」を確認してトレードする通貨を決める

ＦＸでは、ドル円、ユーロドルなど異なる通貨を組み合わせて取引しますが、値動きが活発な通貨ペアを選択すれば、収益チャンスは広がります。

値動きが活発な通貨ペアとは、**「通貨の強弱が明確にある」**ものであり、反対に値動きがあまり見られない通貨ペアとは、**「通貨の強弱がハッキリしない」**ということでした。

これを確かめるのに便利なのが、通貨ごとの強弱を示したチャートです（65ページ参照）。

例えば、２０２２年は円安トレンドが続きましたが、円安とは円が弱いことを意味します。

ならば**「弱い円」と、利上げで買われている「強いドル」を組み合わせると、ドル円**

をロング（買い）で取引するというトレードの軸ができます。

実際、2022年に入り円安トレンドが顕著になって以降、私は「円」を軸にドル円、ユーロ円、ポンド円など「円」が絡む通貨ペアを重点的にチェックしてきました。

弱い円に対して、強い通貨を組み合わせるのは「値動きが大きい」からであり、弱い円と強い外貨のペアを組み合わせて、「円売りで稼ごう」（弱い円を売って、強い通貨を買う）という**トレードの大きな方向感を持つ**ことができます。

「強い通貨」と「弱い通貨」を組み合わせる

片方が強く、片方が弱いという「稼ぎやすい通貨ペア」を探す際には、通貨の強弱チャートが役に立ちます。

強弱が明確に出ていると、売り買いの目線も固定しやすくなります。

弱い円と強いドルを組み合わせた時は、「買い目線」（円安方向）でトレードすればいいわけで、方向さえ見誤らなければトレンドに乗って稼ぐことができます。

一方、2022年は、円だけでなく豪ドルも弱い時期がありました。

この場合、**弱い通貨同士の組み合わせである「豪ドル円」は値動きが少ないため、取引には適さないでしょう。**

上昇基調や下落基調という流れが出にくいため、一時的な値動きをトレンドの出始めと勘違いして高値掴みをしたりしやすく、リスクに見合うリターンを狙うのは難しくなります。

最初のステップで選択を誤ると、のちのち挽回するのが難しくなるので、まずは通貨の強弱をしっかり把握し、強い通貨と弱い通貨をきっちり選びたいところです。

通貨の強弱チャートは便利ですが、もちろん、**過去のデータから未来を完全に予測できるわけではありません。**

ただ、例えば「円は最近1週間弱い傾向が続いている」とか、「3日前から豪ドルがずっと売られている」ということがわかれば、「円と豪ドルの組み合わせだと、どちらも弱い通貨だから値動きは小さいだろう。トレードに向いていないな」という具合に、**事前にある程度の方針を立てる**ことができます。

この方針を立てられた人と、そうでない人とでは、自ずとトレードの成果にも差がつくのではないかと思います。

私は「ドルを軸」にトレードしている

私は基本的には**ドル、ユーロ、ポンド、円、豪ドル**といった取引量の多い通貨の強弱を気にするようにしています。

なかでも注目しているのは「ドル」です。

世界の基軸通貨であるドルを軸にして、強弱を確認しています。

その結果、**ユーロドルやポンドドル、ドル円の取引をすることが多い**です。

ドルに方向感がなく、円に方向感が強く出ている時は、円との強弱を見て、ユーロ円やポンド円などをトレードすることもあります。

ただ、ポンドはドルやユーロに比べて、通貨の発行数量が少ない割にトレードは活発であるため、値動きが大きめです。

投機マネーも入りやすく、本書で何度も解説したサポートラインを抜けた後に戻ってくる〝だまし〟の動きも少なくないため、投資初心者にはあまりお勧めできません。

STEP 2 相場の大きな流れを把握して買い・売りの「目線」を固める

「強弱チャート」をもとに取引する通貨ペアの目星を付けたら、次に**ローソク足チャートで値動きを確認**します。

私はデイトレードをしているので、**「1時間足」と「日足」の「重ね足」を使います。**

次ページの図39は、「ユーロ円」の1時間足で、重ねているのは日足です。

1時間足の表示はとてもこまかく、詳細な動きまではわかりませんが、この時点ではそれで構いません。

大事なのは**上げ下げの動きをラインで見る**ことです。

チャート手前（左）は高値と安値を行き来する「レンジ相場」で推移していますが、高値を抜けてブレイクすると、日足は高値を更新し続け、「トレンド相場」を形成しています。

ちなみに日足の中の1時間足を見ると、細かく上下しながら推移しています。そしてトレンド相場になると、大きな波の動きに乗って上昇を描いていることがわかります。

この状況では、**当然「買い目線」でトレードに臨む**のが賢明でしょう。トレンド相場が始まるとその流れが継続しやすいというのは、ダウ理論でもわかっていることです。

なお、この事例ではレンジから上昇トレンドに移るという、大きな方向感が出ていましたが、そうでない場合は**他の通貨ペアに切り替えたり、今はトレードするのをやめる**という選択をした方が賢明です。

「**休むも相場**」と言いますが、それも立派な戦略であり、損失を抑えるため

図39 ユーロ円の「日足」と「1時間足」を重ねてチェック!

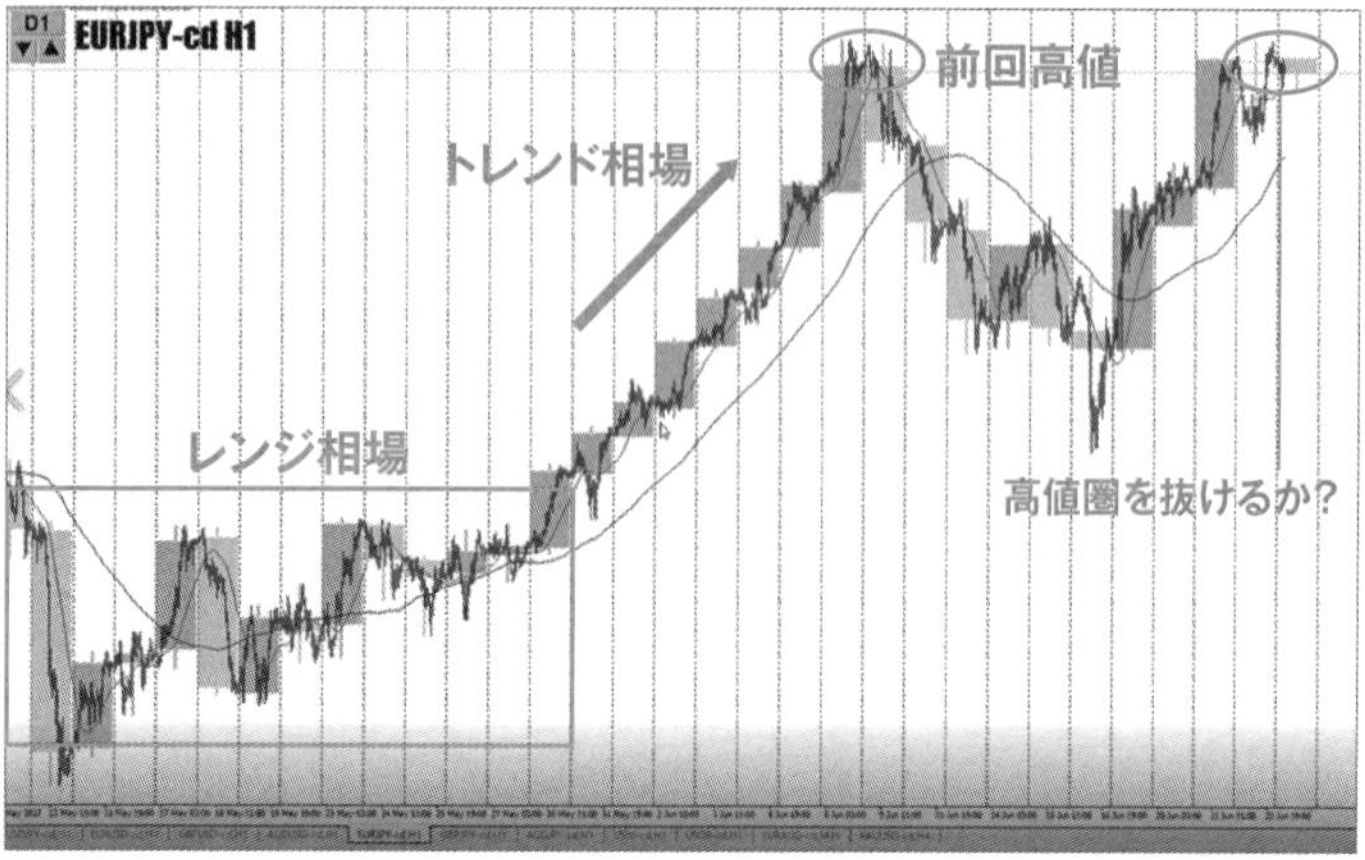

にもムダなトレードは避けるべきでしょう。

私も今日はトレードをしないと決める日は、少なからずあります。

「上位足」で全体像を俯瞰してとらえる

ではこの相場を、リアルタイムで追いかけてみましょう（図39のチャート右端部分）。

直近では「日足」が陽線を描いていますが、高値圏に位置しており、前回高値と同じ価格帯です。

これを抜けるかどうかは、市場参加者の関心事のひとつでしょう。

ただし、こうした関心事の決着はすぐにはつかないことが多く、2日前も直近高値に到達したものの値動きがつぶされているのは、そのためだと思われます。

高値圏で売り買いの攻防が起きた結果、2日前は「**そろそろ高値圏だから反落す**

る」と考えた「売り勢」が勝ちました。

上位足を見ることで、直近高値を超えられない状況を認識し、「上値が重い」「壁がある」といったことがわかるわけです。

「買い目線」という基本戦略を持ちながら、「直近高値を更新したら買いエントリー」「高値を超えなかったら買いで入らない」「高値を超えずに戻った後に直近安値を割ったら下落トレンドへの転換なので売り目線に変える」といった戦略を組むことができます。

STEP 3 「下位足」をチェックして売買タイミングを見極める

「1時間足」とその上位足である「日足」で相場環境を把握し「買い」か「売り」かトレードの目線を固めたら、次は下位足（5分足）をチェックします。

先ほどは、私がトレードで主に使う1時間足よりも大きな勢力（中長期投資を行う機関投資家）の動向を探るため、日足をチェックしましたが、**今度はスキャルピングなど短期投資を行うトレーダーの動きを、5分足で探る**わけです。

狙いは、実際の売買タイミングを見極めるため。どのようにチェックしていくかを紹介していきます。

「下位足」で短期トレーダーの思惑を探る

次ページの図40は、先ほどと同じ期間のユーロ円を「5分足」に切り替えたチャートです。重ねているのは「1時間足」です。

上位足で把握した相場環境を踏まえて、**最終的にエントリーする場所を決めていきます。**

チャート中央でへこんでいる部分が、先ほどの直近高値がつぶされたところに該当します。つまり、上位足の壁です。

ここでもわかるのは、1時間足は上昇を描いており、やはり「買い目線」で間違いないといえます。

ただし、その後はレンジ相場に移行しており、さらに直近は高値圏にありレンジをブレイクしていないため、**買いにくい局面**といえます。

レンジで推移しているということは売り買いの攻防が始まっていることを意味します。

レンジを上に抜けたら、ショート勢（売りで入った投資家たち）の損切りが入り、大きな上昇が始まることも予測できます。


図40「5分足」で短期トレーダーの動きをチェック！

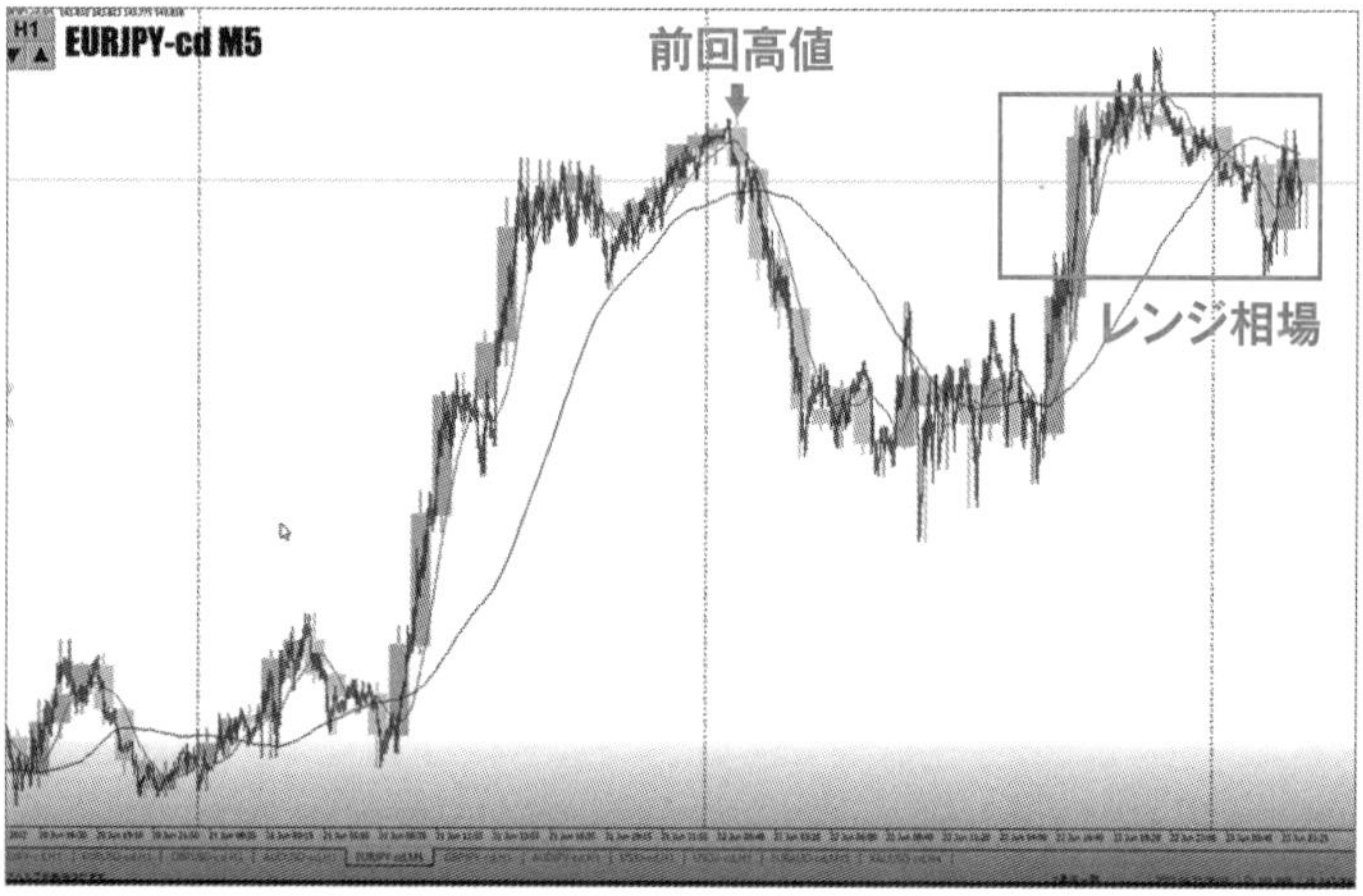

5分足で短期トレーダーの動きを観察し、レンジを抜けたら買いエントリーのチャンスであると判断。一方、下がったところで5分足が底堅い動き（短期勢の売り買いの攻防）をしていたら、そこで押し目買いのチャンスと考えることもできます。

ただし、ここでレンジを抜けたのが「だまし」でないかどうかについて、再三述べてきたようにローソク足の「ヒゲ」でチェックする必要があります。

「ヒゲ」のだましを見抜くためには？

次ページの図41はドル円の5分足チャートで、重ねているのは1時間足です。

上昇トレンドの後にレンジに移行した相場ですが、**注目したいのはチャート中央にある1時間足陽線の「上ヒゲ」**です。

5分足だけで取引をしているとレンジをブレイクしたので、思わず「買い」でエントリーしたくなる局面でしょう。

ところが、1時間足の完成を待てば、この上昇が一時的な値動きでしかなく、売り勢につぶされたことがヒゲの出現によってわかります。

となると、直近1時間の値動きとしては上昇したものの、売りの勢力が強さを増しており、この**レンジブレイクは「だまし」かもしれない**と推測できます。つまり買いエントリーを控える、という判断が下せるのです。

実際、その後は高値を割り込み、レンジ内の値動きに戻りました。

その後、5分足はレンジが続きますが、**今度は「下に抜けた!」と思わせる動き**が出ます。

図41「抜けた!」と思わせる「だまし」をヒゲで見抜く

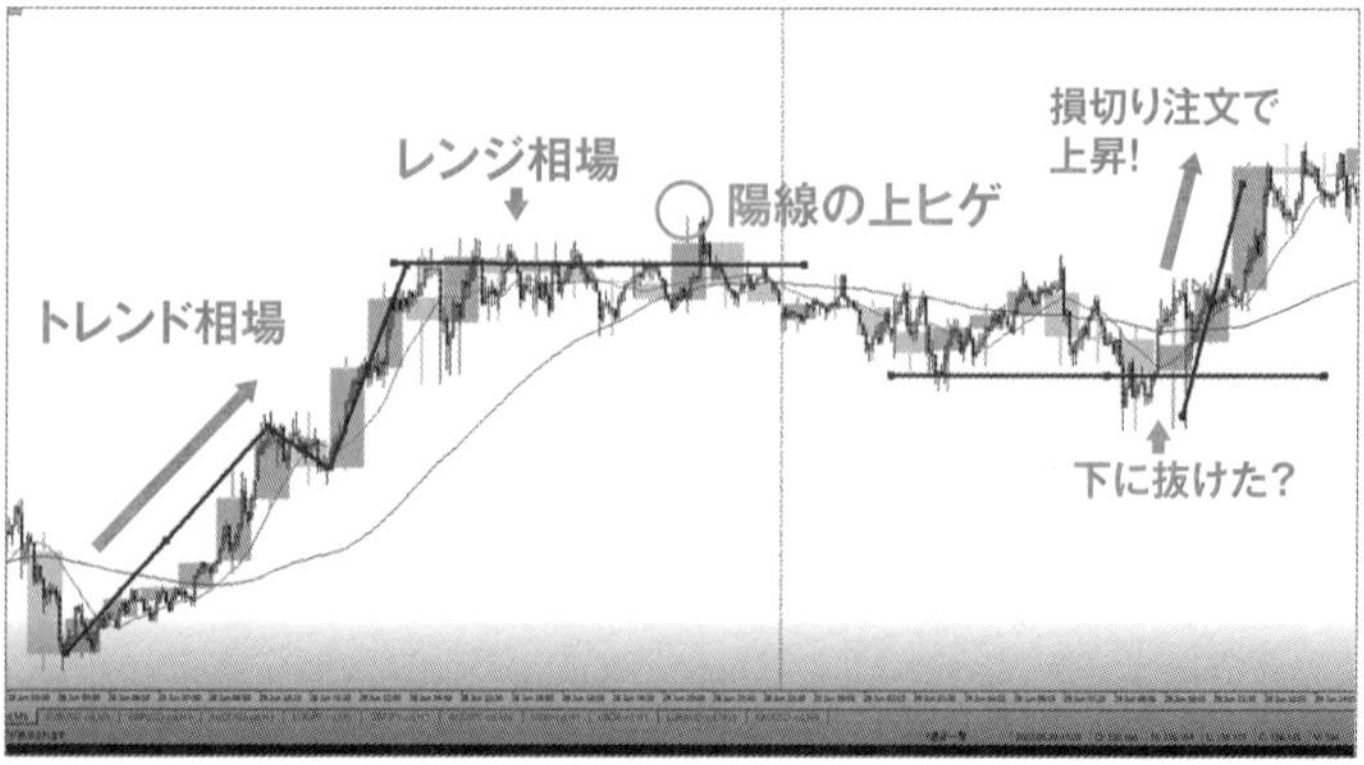

しかしここも、1時間足で見るとヒゲで戻っていますので、**売ってはいけない場面**だということがわかります。

瞬間は抜けているので、短期トレーダーは売りに走りますが、その後レンジに戻ってしまったため、**彼らの損切り注文が出てその後の大きな上昇**につながりました。

「抜けた！」と思わせるだましをヒゲで見抜き、短期トレーダーの動きを利用して稼ぐことができた場面です。

チャートにラインを引く習慣をつけよう

なお、**チャート上にラインを引くと高値・安値がどこにあるかがわかりやすくなります。**

5章の「ダウ理論」でも紹介しましたが、高値を抜けると、その高値は直近の安値になるなど、高値・安値は値動きとともに変わっていきますが、「高値を抜けている間はつねに買い場を探す」、「反対なら売り場を探す」といった戦略が明確になり、圧倒的に取引はしやすくなります。

高値・安値のラインがあると、その**中間の値動きはどっちつかず**ということもわかります。

チャートツールでは描画機能が搭載されていますから、必ず使うようにしてみてください。

また、高値・安値がわかることでエントリーポイントだけではなく、直近の高値・安値が利益確定や損切りポイントになるなど、取引の出口の目安として使うこともできます。

私は「ダウ理論」や「重ね足」など、基本的には複数の手法を組み合わせてエントリーから利益確定・損切りまでをしています。

初心者がいきなりすべてをマスターするのは難しいと思いますが、まずはダウ理論などを使って、レンジかトレンドのどちらかを見極め、現在の位置が高いのか安いのかまではわかるようにするといいでしょう。

実践!　レンジの安値圏における稼ぎ方

次に事例を使って、トレードに入るまでの流れをさらに解説します。

次ページの図42は2022年8月中旬〜9月上旬の「ユーロドル」の1時間足チャート(重ねているのは日足)です。

8月下旬からレンジ相場で推移し、取引前日となる9月7日は安値圏で攻防が起きていました。

1時間足はサポートを割っていますが、**日足を見ると下ヒゲが伸びていて、これは「だまし」だということがわかります。**

つまり、1時間足だけを見てショートで取引に入ると失敗した局面であり、日足の完成を待ってから判断すべき場面です。

売り買いが拮抗した結果、買い勢が勝ち、ひとまずの決着として価格は上昇しました。

私自身は**直近の日足がしっかりとした陽線**で、その内訳の**1時間足も安値の攻防から上昇に転じたことから下値の堅さ**を感じ取り、このままレンジの高値圏まで上昇すると考えました。

以上をまとめると、「**1時間足は上昇トレンド**」「**日足も力強い陽線**」のため、**上昇は継続する**という予測で、レンジの上限をめざした上昇を想定――すなわち「買い目線」でトレードに臨むことにした

図42 レンジの上限まで上がると予想した

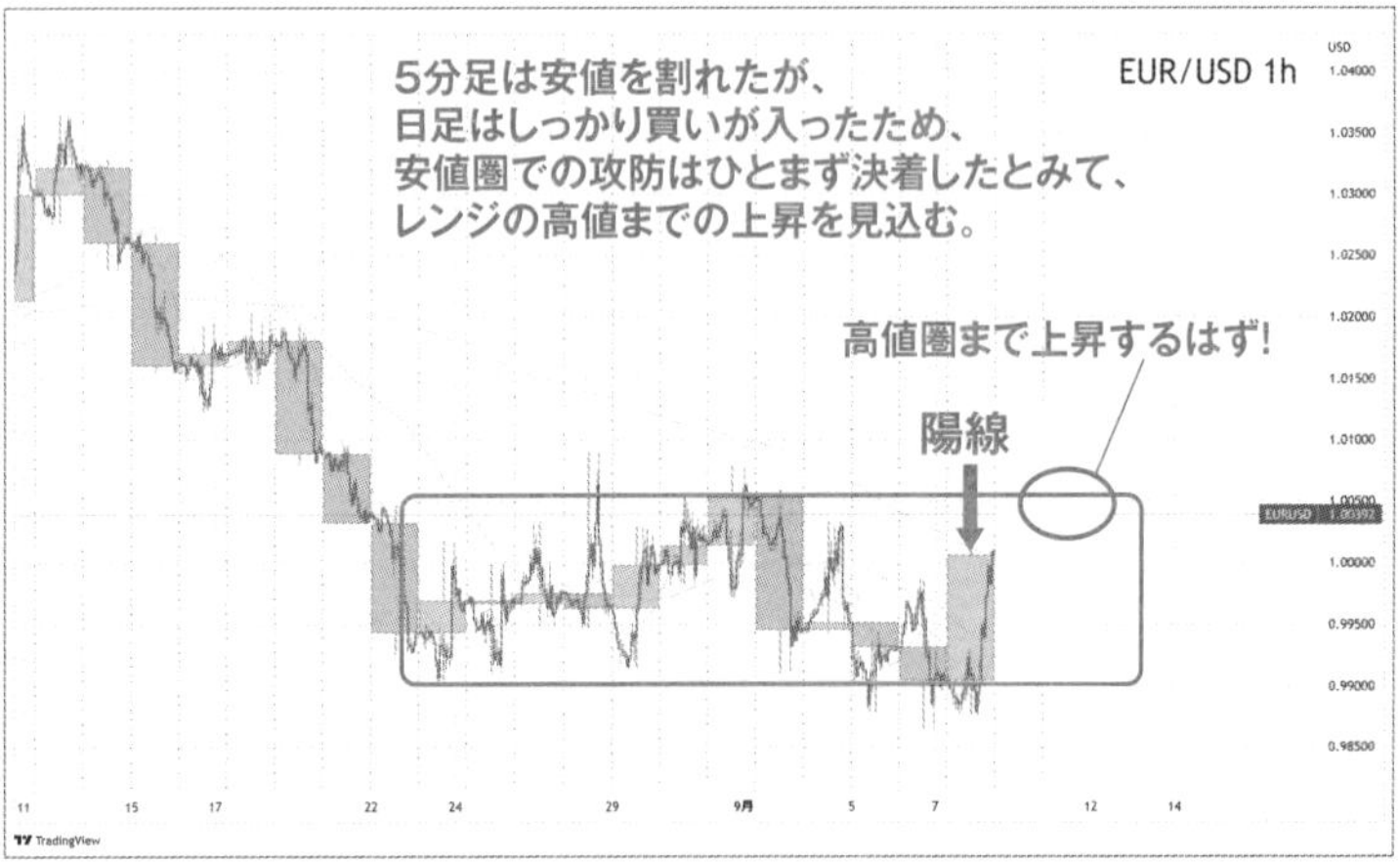
5分足は安値を割れたが、
日足はしっかり買いが入ったため、
安値圏での攻防はひとまず決着したとみて、
レンジの高値までの上昇を見込む。
EUR/USD 1h
高値圏まで上昇するはず!
陽線
USD
1.04000
1.03500
1.03000
1.02500
1.02000
1.01500
1.01000
1.00500
EURUSD 1.00392
1.00000
0.99500
0.99000
0.98500
11
15
17
22
24
29
9月
5
7
12
14
TradingView

のです。

1時間足の上昇に加え、日足の大きく強い上昇の流れがあるので、今日の日足も陽線になるだろうというイメージと、**これだけ強い上昇だと直近高値まで上がってもおかしくない**という見立てです。

上昇途中の下ヒゲをどう理解するか？

次ページの図43は、その後の値動きも含めたユーロドルの5分足チャートです（重ね足は1時間足）。

先ほどの9月8日の時点では、レンジの高値圏まで上昇していく流れを意識していましたが、予想に反して上昇せず、5分足は朝からレンジ相場を形成しています。

つまり、売り買いの攻防が始まったわけです。

ただし、これは何度もくり返し述べてきましたが、**相場が上昇するにはそのきっかけとなるショート勢の参入が必要不可欠で、相場が拮抗し始めたこと自体は悪い**

話ではありません。

ショートで入ったトレーダーたちが、上昇に転じた際に次々に損切りをするため、強い上昇が生まれるという理屈です。

そうした中、8日夜になるとレンジを一旦上に抜いた後に、下に割れる動きが起きました。

5分足で取引をする短期トレーダーからすると、ショートで取引に入るタイミングです。

とすると、**「相場は上昇するだろう」と読んでいた私の戦略は間違いだったか**というと、そうではありません。

図43 素直に上がらず、むしろレンジの下限を割ってきた…

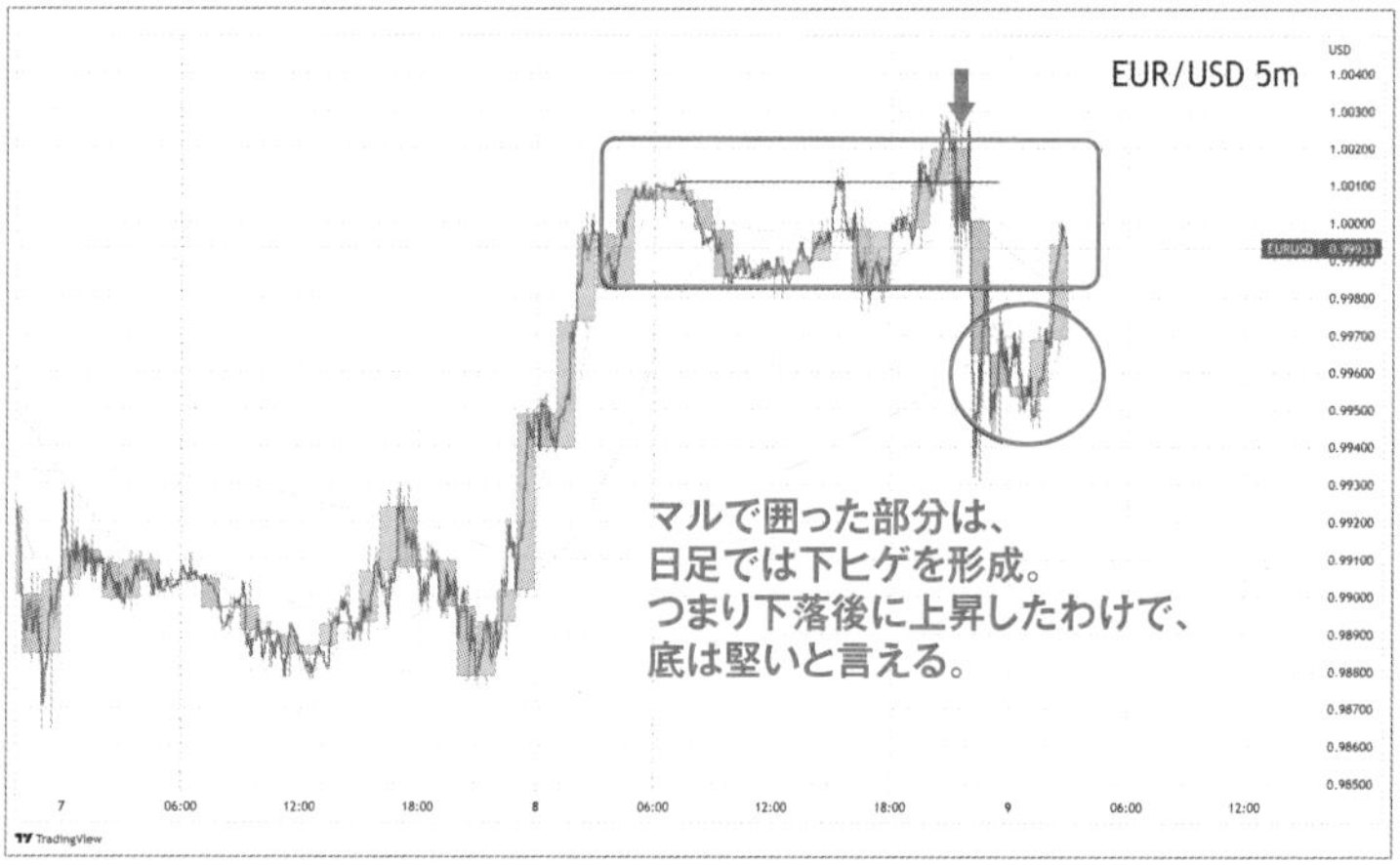

EUR/USD 5m
マルで囲った部分は、
日足では下ヒゲを形成。
つまり下落後に上昇したわけで、
底は堅いと言える。
USD
1.00400
1.00300
1.00200
1.00100
1.00000
EURUSD 0.99933
0.99800
0.99700
0.99600
0.99500
0.99400
0.99300
0.99200
0.99100
0.99000
0.98900
0.98800
0.98700
0.98600
0.98500
7
06:00
12:00
18:00
8
06:00
12:00
18:00
9
06:00
12:00
TradingView

まだ「買い目線」は変わっていませんし、むしろこの日の日足も陽線になると考えていますから、それを踏まえると、むしろ**この下げは日足の下ヒゲにすぎず、底堅さの根拠になるかもしれない**と考えました。

実際に日足を見ていると、最初は実体の長い陰線だったのが、下ヒゲが出てきて、この価格帯で売り買いの攻防が発生。最終的には価格は戻ったことから、下ヒゲの発生は確定的となり、ロングで入って間違いないと判断しました。

この時点で、なぜ底堅さを感じたかというと、**マルで囲っている部分の安値をなかなか抜けなかったから**です。

1度目の勢いがある時は割りましたが、それ以降は抜けておらず、これは底堅いことを意味します。

この底堅さも、「買い目線」で間違いないことを裏付けました。

以上をまとめると、まず最初に前日の流れを引き継ぎ、今日も陽線になるという予測（買い目線）があり、リアルタイムで見ると日足は陰線ではあるものの底堅く、ここからの上昇を見込めるという考え方になります。

「どこまで上昇するか」をどう判断するか

次ページの図44は、その後の値動きを示したユーロドルの5分足チャート（重ね足は1時間足）です。

一度はサポートを割りましたが、前述した読み通り、その後上昇してレンジ内に戻り、推移しています。

サポートを割った際に、「もっと下がるだろう！」と踏んで「売り」で相場に参加した短期のトレーダーは、**価格が上昇したことで苦しい場面**を迎えています。

今後、さらに上昇していけば、彼らは損切りせざるを得なくなり、**その買い戻しがさらなる上昇の起爆剤**になります。

図44 短期トレーダーの「読み違え」がその後の上昇を生む

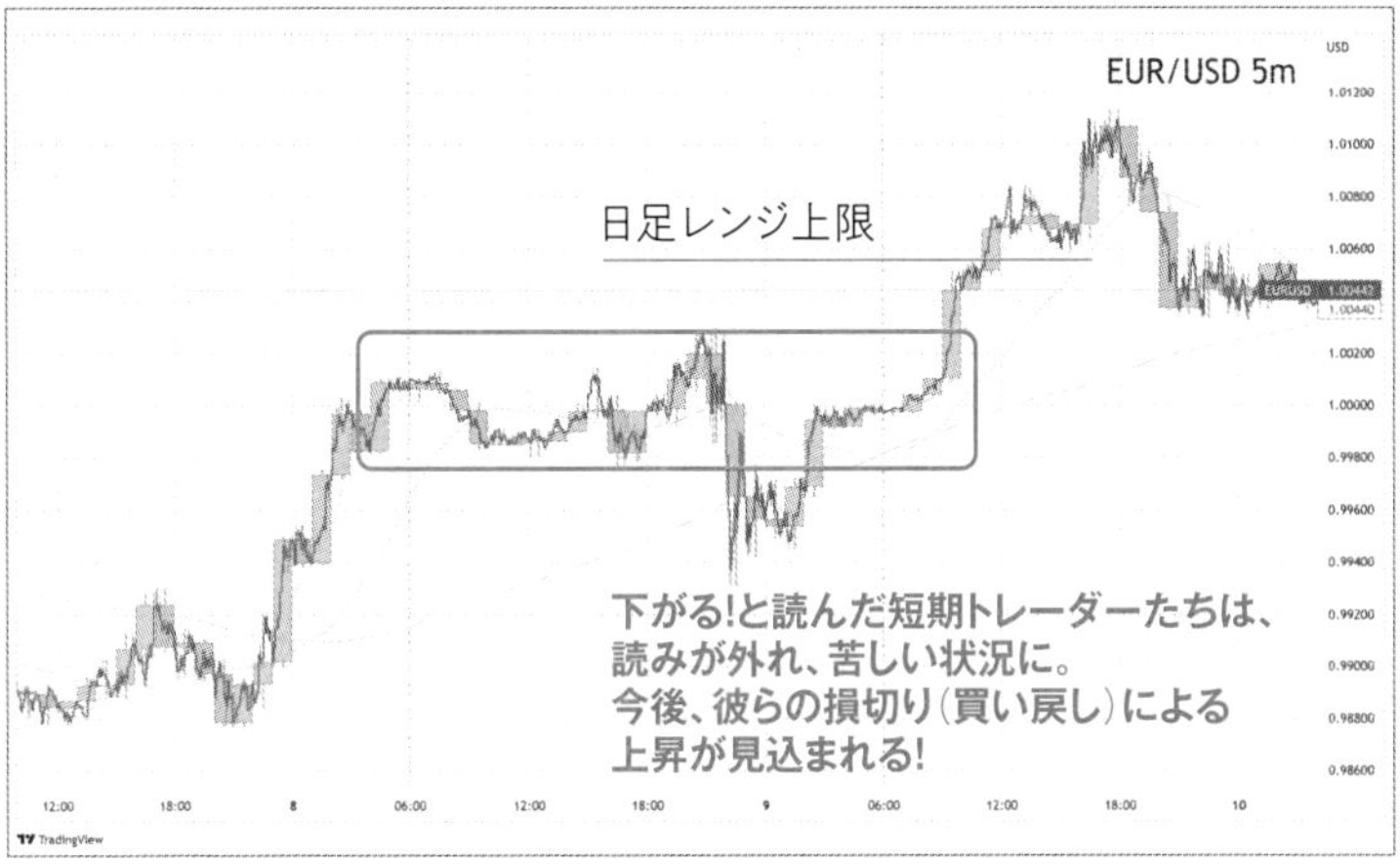

図45 レンジを抜けてさらに上昇！　読みが的中！

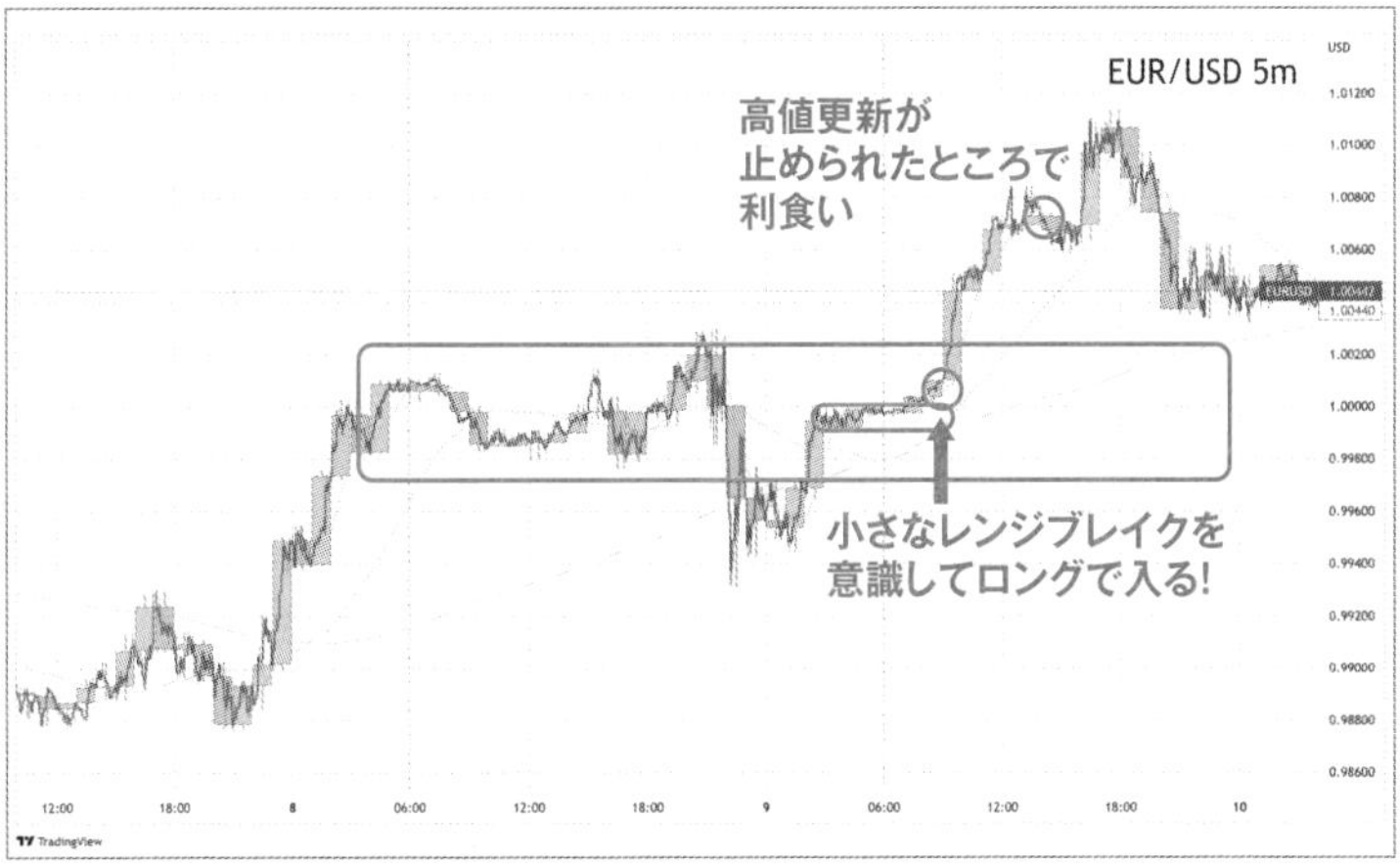

ここまで確かめた時点で、私は「日足レンジ上限」をめざした「買い取引」に入りました。

実際に取引に入ったのは、前ページの図45のマルで囲んだ小さなレンジをブレイクしたポイントです。

この読みは的中し、5分足はレンジの上限にあっという間に到達しました。

この時点で、当初に立てた目標地点に達していましたが、レンジをブレイクしてさらに上昇したので、様子を見ることにしました。

ただし、**この上昇は日足の上ヒゲになるリスクがあります**（上昇した後に戻って引ける）。

直近の高値圏でもあるので、「ロング」で持ち続けるのは怖いですが、一方でこれだけ強い上昇トレンドが出てくると、短期トレーダーも買ってくることが予想されます。

こうなると、その後の値動きはどうなるかわからず、私の当初の予測も超えています。

ならば、欲を出さずに、**上ヒゲになる可能性に備えるのが得策**で、上昇トレンドがストップした時点で利食いをしました。

ちなみにこの価格は日足の「レンジ上限」であり、決済をするポイントとして間違っていなかったと思います。

【稼げるコラム】5

トレードのパフォーマンスは数値化しておこう！

本書では「損益率」を重視したトレードを推奨してきました。

勝ち負けの平均額を算出し、それがプラス以上になるように私自身もトレードしています。

私のトレードの「勝率」は平均で6割程度ですが、損益率を高くすることで、毎年数千万円の利益を積み上げています。

こうした数字へのこだわりは、私が理系出身で、何でも数値化するのが好きだったことが関係しています。

もともとはトレードごとの勝ち負けの平均額を記録していて、そこから損益率を上げるのが重要だということに気づきました。

勝率を100％にすることは不可能ですが、損益率は利食い・損切りのポイントを事前に決めておき、ポイントに到達したら速やかに損益を確定していけば目標をクリアすることは可能です。

トレーダーの方に目標を聞くと、「勝ちたい」とか「100万円儲けたい」などとざっくりした答えを返す人がいますが、「損益率いくつを目指す」と明確に決めることをお勧めします。

実際にFXトレードの世界で生き残っている人は、**勝率はそこそこでも、損益率は高い水準を維持しています。**

勝率はそれほど悪くないのに資産が積み上がらない人は、損益率の改善に努めてほしいです。

損益率を意識することで、どこでエントリーすれば大きく勝てるのかということを、もっと本気で考えるようになるでしょう。

その結果、当てずっぽうで、する必要のなかったトレードは減っていき、厳選されたポイントでエントリーすることを繰り返すうちに、損益率は向上し、着実に利益を積み上げられるようになるでしょう。

ＦＸで勝ち続けるのは簡単なことではなく、多くの人は何度も挫折を味わうはずです。

しかし、そこでくじけないでください。

むしろ、そこからがスタートです。

外国為替市場には初心者から経験者、資金量がまったく異なる機関投資家や個人投資家が参加し、ひとつの同じ土俵で取引しています。ビギナーはカモ扱いされても、ある意味仕方がありません。

そんな中で初心者が結果を出すには、「学び」が必要であり、焦らず経験を積んでほしいと思います。

その結果、自分なりの武器ができれば結果は自ずとついてくるはずです。
上達するスピードは人それぞれだと思いますが、あきらめずに続けていれば、私のように脱サラしてＦＸ専業で食べているトレーダーがいるぐらいですから、これに懸ける価値はあるでしょうし、夢もあると思います。

変なたとえかもしれませんが、地位も名誉もお金もある「官僚」になるには、東大などに入らないといけませんが、そのための努力や学費に比べると、トレードの技術はそれほど難しくなく、しかもＦＸは少額資金から始めることができます。

誰にでも平等にチャンスがある点でＦＸには希望があり、夢があります。

問題は、私には上司も査定する人もいないので、つねに自分で自分を律しないといけません。

自分で決めたルールを厳格に守ってトレードできるかが成否を決めます。
皆さんとそんな気持ちも共有しながら、一緒にＦＸを楽しみたいと思います。

おわりに

短期トレーダーはカモにならないように注意を！

本書では、10年以上の投資経験から私が確立したＦＸの投資ノウハウをまとめました。

すべてを網羅できたわけではありませんが、核となる部分はお伝えすることができたと思いますので、参考にしていただくことで、私がめざしている損益率の高い――つまり、**限りなく損失の額を減らして、大きく勝っていく投資スタイルを実現できる**ものと考えます。

なお本書では、私が実践するデイトレード、スイングトレードを想定した解説をしました。

この手法は、さらに投資期間の長い中長期トレードに応用することも可能です。

その際は、エントリーで参考にするのを「日足」、上位足を「週足」、下位足を「1時間足」にするなど、トレードのスタンスに応じて使うローソク足を変えてみてください。

その他、投資でチェックするポイントは同じで構いません。

一方、本書で繰り返し述べてきましたが、FX投資では短期トレードになるほど価格変動が大きいため、目先の動きに翻弄され、うまくいかないことが増えると思います。

短期の値動きにつられて、短期トレーダーが「買い」と「売り」の方向を読み違えてエントリーしたところを、上位足を見てトレードしている人たちは見逃さず、**その〝失敗〟を利用して稼いで**います。

言葉は悪いですが、短期トレーダーをカモにして稼いでいるのです。

皆さんは、くれぐれもカモの側にならないように注意してください。

勝つことよりも生き残ることが大事

大儲けを夢見て、ＦＸを始める人は後を絶ちません。

もちろん、それ自体は間違っていませんが、儲けることより大事なのは相場の世界で「**生き残ること**」であり、**投資を**「**やめないこと**」です。

生き残ることさえできれば腕を磨くことができ、やめない限りパフォーマンスを改善できる余地は残ります。

そう考えると、**余裕資金で始めて、過度なレバレッジをかけない**という投資スタンスが、何より重要になるのではないでしょうか。

私の実感として、レバレッジは25倍の半分程度――仮に１００万円の証拠金で最大20万通貨を持てるとしても、マックスでトレードはしないで、10万通貨くらいに抑えるのがいいと思います。

そうすれば、仮に30万円負けても、まだ10万通貨を持てるので、リカバリーすることも可能です。

しかし20万通貨をフルに使って取引すると、損失は倍になるので、10万通貨すら持てなくなり、ここから元の資金サイズまで戻すのはなかなか大変なことです。

レバレッジは便利で、夢のある仕組みですが、つねに抑え気味にして使うことをお勧めします。

いきなり最初から、勝ち続けることは不可能です。

もちろん、**私も最初は苦労しました。**

その後、相場の本質を理解し始めてから、ようやく大きく負けることが少なくなりました。

本書にはその方法や考え方を詰め込みましたので、ぜひ参考にしてほしいですが、すぐにスキルが身につくとは限らず、迷うことも少なくないはずです。

損をしてもFXを続けられるぐらいの資金をキープしながら、試行錯誤し、腕を磨いていてほしいと思います。

損益率1・5を目指してトレードしよう

先にも述べた通り、**私の勝率は6割程度**です。これぐらいの勝率を上げるトレーダーはたくさんいるでしょう。

しかし、私が「勝率」よりも「損益率」を重視していることは何度もお話ししてきました。

つねに、**2回の負けを1回の勝ちで取り戻せる**ように意識してトレードしています。損益率でいうと、「2・0」を意識し、これまで実現してきました。

損益率2・0であれば、**勝率は4割程度でも収益はプラスになる**計算です。

たとえ勝率が9割でも、1回の負けで9回分の利益を失ってしまったら意味がありません。

めざすべきは、勝率の高さではなく、損益率の高さです。それが損小利大を実現する条件であるのです。

まずは損益率1・5あたりをめざして、トレードに取り組んでみてはいかがでしょうか。

「上がりそう」の前に「下がらない」を確認！

5章や6章でも述べましたが、トレードで勝つためには「**底堅い**」**かどうか**を確認することが何よりも大切です。

「上がりそうか（下がりそうか）」という利益狙いの視点ではなく、「**下（上）が堅いか**」**という損失を抑える視点を優先する**ことが重要です。

例えば、あなたが仮に「買い目線」でトレードをしている場合、まずは「ここよりは下がらないだろう」というポイントを見定めることが必要です。

上位足のヒゲなどで、それを確かめることを必ずしてほしいと思います。

図46のようにロッククライミングに例えると、「足場」があるから上(頂上)を目指すことができるということです。

右手で岩をつかむためには、左手、右足、左足がしっかり固定されていないと、つかめずに滑落してしまうでしょう。


FXも同様で、足場がしっかりしていないと、目標に手をかけることはできません。

これ以上下がらないだろうという根拠=足場を見つけた上で、上がるのを待つという姿勢がトレードを成功に導

図46 FXもロッククライミングも、まずは「足場固め」から!

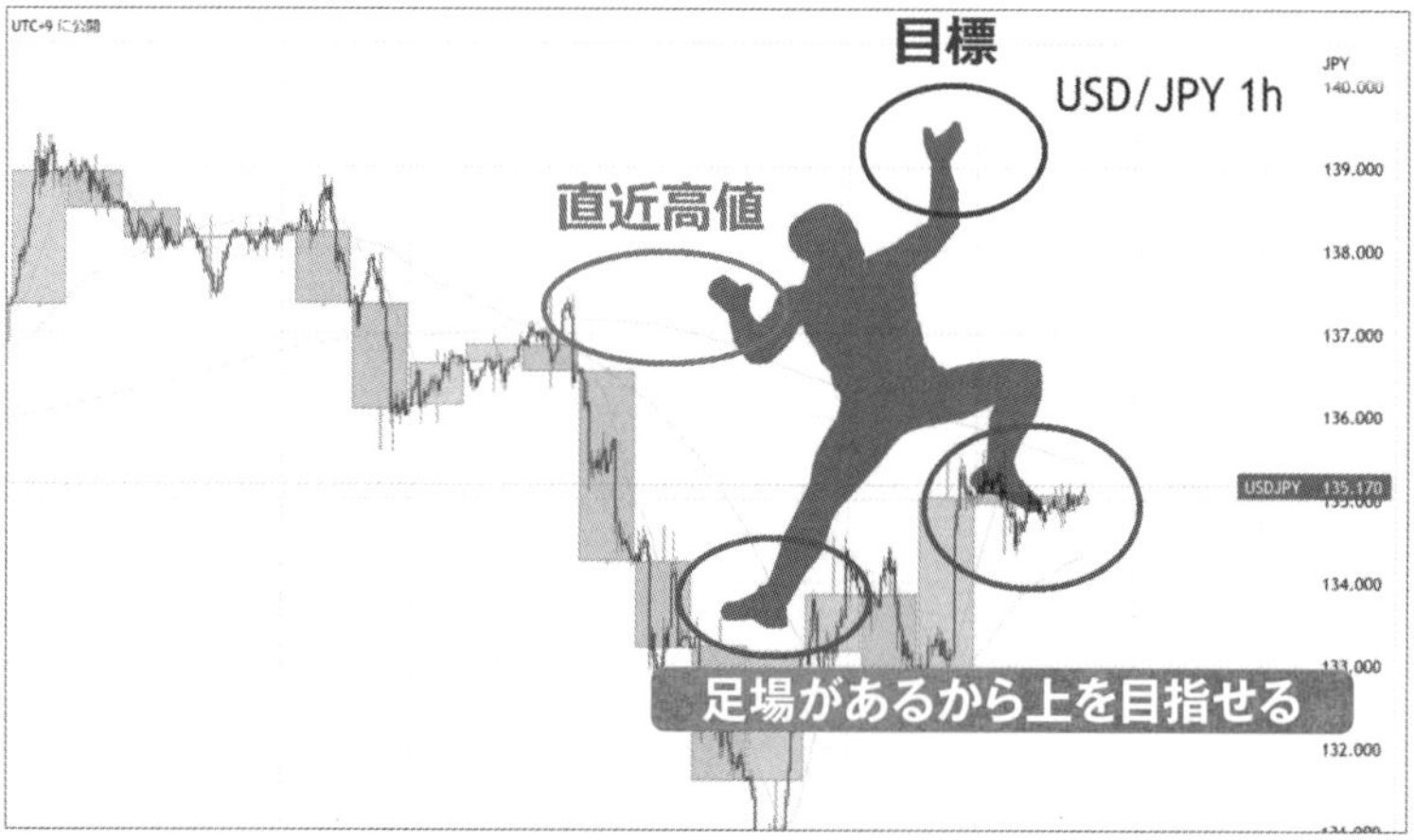

く必須条件だと考えています。

トレード回数は減り、利益は増える！

これまで私が運営するYouTube「期待は裏切る 予想は超える」を見てくれた視聴者の方からは、トレードする回数が減り、利益を残せるようになりました、という声をよくいただいています。

まさに我が意を得たり、という思いです。ムダなトレードを減らして損小利大を目指す、という私のスタイルに共鳴し、実践していただけるのは大変うれしいことです。

FXは少額資金で始められる数少ない投資法です。

稼ぎ方をしっかりマスターすれば、思いがけないほどの資産を積み上げていくこともも可能です。

本書をきっかけに、勝つ時は大きく勝ち、負ける時は小さく負けるトレードを会得していただき、夢をつかんでもらえれば幸いです。

カバー・本文デザイン・DTP
鳥越浩太郎

カバー・本文イラスト
千野六久

編集協力
大正谷成晴

[著者略歴]
TAKA（タカ）
投資家。サラリーマン時代に投資を始め、2004年に専業投資家に。2010年よりFX投資を本格的に始め、以後、毎年数千万円単位の収益を上げ続けている。運営するYouTubeチャンネル「【FX】期待は裏切る 予想は超える」の登録者は4万5000人。わかりやすい解説で多くの視聴者の心を掴んでいる。本書が初の著書となる。

円安《えんやす》・円高《えんだか》でもＦＸで稼《かせ》ぎ続《つづ》けるうまい方法《ほうほう》

2023年1月11日　初版発行
2023年11月10日　第6刷発行

著　者　TAKA

発行者　小早川幸一郎

発　行　株式会社クロスメディア・パブリッシング
〒151-0051 東京都渋谷区千駄ヶ谷4-20-3 東栄神宮外苑ビル
https://www.cm-publishing.co.jp
◎本の内容に関するお問い合わせ先：TEL(03)5413-3140／FAX(03)5413-3141

発　売　株式会社インプレス
〒101-0051 東京都千代田区神田神保町一丁目105番地
◎乱丁本・落丁本などのお問い合わせ先：FAX(03)6837-5023
service@impress.co.jp
※古書店で購入されたものについてはお取り替えできません

印刷・製本　中央精版印刷株式会社

　ISBN978-4-295-40781-2　C2033